AVIS

DE MESSIEURS
CELLIER, DE LAMBON,
DE LA MONNOYE, DE JOUY, LAGET-BARDELIN,

Avocats au Parlement de Paris;

ET DE M. BRONOD,

Avocat au même Parlement, & aux Conseils du Roi;

SUR L'AFFAIRE

ENTRE le Chapitre de l'Eglise Cathédrale de la Ville de Beziers; les Maire & Consuls de la même Ville; Messieurs les Agens Généraux du Clergé, & le Syndic de la Province de Languedoc.

LE CONSEIL SOUSSIGNÉ qui a vu les Titres, Pieces, Procédures & Mémoires d'une Instance au Conseil entre le Chapitre de l'Eglise Cathédrale de Beziers, les Maire, Consuls & Communauté de la même Ville, le Syndic général de la Province de Languedoc, & Messieurs les Agens Généraux du Clergé de France, sur l'opposition formée tant par les Maire, Consuls & Communauté de la Ville de Beziers, que par le Syndic général de la Province de Languedoc, à un Arrêt du Conseil du 24 Avril 1758, qui a cassé quatre Arrêts de la Cour des Aydes de Montpellier des 28 Mai 1733, 5 Mai 1752, 23 Décembre 1755 & 25 Mai 1756, & spécialement les pieces énoncées dans la note ci-dessous (*a*).

ESTIME que le Chapitre de l'Eglise Cathédrale de Béziers, & Messieurs les Agens Généraux du

(*a*) Arrêt du Conseil du 10 Août 1756, qui accorde au Chapitre de Beziers la main-levée provisoire des saisies faites sur ses revenus, & renvoie à la Grande Direction sa demande en cassation, la Requê-

Clergé de France, ont des moyens décisifs contre l'opposition des Maire, Consuls & Communauté de la Ville de Béziers, & du Syndic général de la

---

insérée dans cet Arrêt, signifiée à Me Rolland, Avocat de la ville de Beziers, le 11 Septembre suivant : Arrêt du Conseil du 6 Décembre 1756, qui reçoit la ville de Beziers opposante à la main-levée, & renvoie à la Grande Direction, tant la demande en main-levée que celle en cassation : Requête du Chapitre en relief de temps en tant que de besoin, à l'effet de se pourvoir contre les Arrêts de la Cour des Aydes de Montpellier, des 28 Mai 1733 & 5 Mai 1752 : Requête du Chapitre en ampliation contenant la production de différentes pieces signifiées le 28 Septembre 1758 : Arrêt du Conseil du 24 Avril de la même année qui casse ceux de la Cour des Aydes de Montpellier des 28 Mai 1733 & 5 Mai 1752, en ce qu'il avoit ordonné l'exécution de celui de 1733; casse aussi l'Arrêt définitif du du 23 Décembre 1755, celui du 25 Mai 1756, toutes les saisies & ce qui s'en est suivi.

Requête en opposition à cet Arrêt de la part des Maire & Consuls de Beziers du 15 Janvier 1759 : autre Requête imprimée du 14 Septembre suivant : Mémoire imprimé pour les Maire & Consuls, signé de Me de la Balme, leur Avocat : autre Imprimé intitulé, Recueil de divers actes relatifs à une prétention & possession d'immunité de tailles, signé Desfranc, Député : Consultation étant ensuite signée par Me de la Balme.

Requêtes du Chapitre de Beziers, en réponse à celles des Maire & Consuls, des 5 Mai 1759 & 5 Avril 1760.

Arrêt du Conseil du 19 Novembre 1759, qui reçoit le Syndic de la Province de Languedoc partie intervenante dans cette instance ; Requête imprimée du Syndic du 4 Septembre 1761 ; Recueil des Loix & autres pieces sur la nobilité ou roture des fonds de la Province de Languedoc.

Arrêt du 9 Septembre 1760, qui reçoit MM. les Agens Généraux du Clergé parties intervenantes.

Copie des pieces produites par les Maire & Consuls de Beziers ; sçavoir, la chartre du 14 Avril 935 ; acte du 4 Février 1092, divers extraits du *Gallia Christiana* & du catalogue des Evêques de Beziers ; enquêtes des 10 Mai 1292 & 25 Janvier 1297 ; Sentence du 7 Mai 1281 ; lettres de Philippe-le-Bel des 26 Décembre 1295,

Province du Languedoc. Les Arrêts de la Cour des Aydes de Montpellier caſſés par celui du Conſeil du 24 Avril 1758, aſſujétiſſent au payement de la taille réelle des biens appartenans au Chapitre de

31 Mars 1296, 23 Janvier & 19 Mai 1298; lettres de Philippe de Valois du 25 Septembre 1328; autre du Roi Jean du 29 Juin 1353; deux tranſactions des 2 & 4 Juin 1359: délibération des Conſuls de Beziers de l'an 1398, ſur la faction d'un nouveau compoix: permiſſion de publier Monitoire du 5 Avril 1451: Déclaration du Chapitre au Parlement de Toulouſe du 18 Janvier 1485: extrait du compoix de 1555: Lettres de reſciſion obtenues du Grand Sceau par les Conſuls de Beziers le 13 Avril 1556 contre la tranſaction du 29 Avril 1531: Arrêt de la Cour des Aides de Montpellier du 27 Juillet 1556, qui annulle le compoix de 1555, & dans le vu duquel ſont reportées entr'autres titres les chartres des années 933 & 1203, les Sentences de 1281 & 1485: un Arrêt du Parlement de Toulouſe de 1486: tous les compoix & Ordonnances ſur les tailles: extrait du compoix du 26 Septembre 1605: Lettres d'évocation du 18 Décembre 1606: Délibération de la Ville de Beziers du 9 Avril 1608: autre du Chapitre de Beziers du 15 Novembre de la même année: tranſaction entre la Ville & le Chapitre du 27 même mois: délibération générale de la Ville du 21 Janvier 1609: Arrêt du Conſeil du 26 Avril 1610: vu auſſi la chartre de l'an 1203: différens baux à ferme des Terres de Saint-Pierre, portant réſerve des dixmes: autres baux à ferme des droits de pêche & de chaſſe ſur ce territoire: extrait des regiſtres de baptêmes de l'Egliſe de Saint Pierre: déclaration de la métairie noble de Saint Pierre, de l'année 1521: procès-verbal d'un Commiſſaire du Roi du premier Septembre 1554, en exécution de la Sentence de 1485: Arrêts de la Cour des Aides de Montpellier des 27 Juillet & 20 Février 1556: tranſaction du 12 Septembre 1505: autre tranſaction du 27 Novembre 1608: délibération générale de la Ville de Beziers du 21 Janvier 1609, qui la confirme: Arrêt du Conſeil du 26 Avril 1610, qui l'homologue: Arrêt du Grand Conſeil du 23 Septembre 1743: Arrêts de la Cour des Aides de Montpellier, des 28 Mai 1733: 5 Mai & 11 Juillet 1752, 23 Décembre 1755 & 25 Mai 1756, enſemble toutes les autres pieces produites par les parties.

l'Eglise Cathédrale de Béziers, qui en étoient exempts, suivant les Loix particulieres de cette Province, dont l'exemption subsistante pendant huit cent ans, avoit été confirmée par un Arrêt contradictoire rendu après la plus grande discussion.

Quoique les Requêtes & Mémoires des Parties & les actes qui ont été produits respectivement, présentent une multiplicité d'objets & de questions, ou peut les réduire à des points simples, dont il résultera que les Maire, Consuls & Communauté de la Ville de Béziers, & le Syndic général de la Province de Languedoc, n'ont aucun moyen pour faire réussir leur opposition à l'Arrêt du Conseil du 24 Avril 1758, & même que cet Arrêt n'a pas accordé au Chapitre de Béziers tous les avantages qu'il auroit obtenus, s'il avoit fait valoir dans sa Requête en cassation tous les moyens que les Loix de la Province lui administroient.

Pour établir les moyens du Chapitre, il est nécessaire de faire l'analyse des titres & procédures; on examinera ensuite les principes résultans des Loix particulieres de la Province, relatives au payement de la taille & à l'exemption de cette imposition : on fera ensuite l'application de ces principes aux circonstances particulieres de cette affaire.

TITRES ET PROCÉDURES.

Le lieu de Saint Pierre *de Apullo* que les Maire & Consuls de Béziers, & le Syndic de la Province de Languedoc voudroient assujettir au payement de la taille réelle, qui n'a lieu dans cette Province que sur les biens roturiers, appartient au Chapitre de Béziers depuis plus de huit siécles; le titre qui lui en a transmis la propriété, est une chartre de 933, par laquelle Teudon & Odon, Vicomtes de Béziers, & trois autres personnes ont donné ce lieu au Chapitre pour exécuter les dernieres volontés de Reginal, Evêque de Béziers, qui étoit mort en 930, trois ans avant cette chartre.

Notum sit omnibus fidelibus Sanctæ Dei Ecclesiæ, tam præsentibus quam futuris, quia nos Teudo & Odo, Vice Comites, Ildegarius, Joannes, Sacerdotes, & Walcharius, qui sumus eleemosinarii quondam Reginaldi, Episcopi Bitterensis, Ecclesiæ Sancti Nazarii. Certum quidem & manifestum est quia nobis injunxit vel commendavit quondam Reginaldus, Episcopus, per suum vadium, quando ad obitum mortis venit ab extremâ, undè & posteà suâ voluntate nunquàm mutavit, ut nos simul in unum suprà nominati eleemosinarii, scriptum legalem faciamus ad Canonicos Sancti Nazarii sicuti facimus, ac legitimè manibus tradimus in Regno Septimaniæ, in Comitatu Bitterensi, Sanctum Petrum de Apullo, cum suo terminio, & cum suo bosco, & cum ipso molino, cum ipsa reclausa, & cum ipsa piscatoria, & cum ipsas in solas, & quantùm ibidem pertinendum est.

Teudon & Odon, & les autres Exécuteurs testamentaires de Reginal, marquent dans cet acte les dépendances du lieu de Saint Pierre *de Apullo*, à la tête desquelles ils mettent l'Eglise de Saint Pierre, ses Vases & Ornemens sacrés, Sacristie & Cimetieres.

Id est in Ecclesiâ Sancti Petri, in Sacris, Secretariis, Cimeteriis.

Les autres objets sont déclarés consister en maisons, cabanes & masures ou bâtimens, cours, vergers, &c. & notamment en eaux & cours d'eaux.

In domibus & casis, casalitiis, in curtibus, in oglatis, in hortis, in arboribus, in terris, in vineis, in pratis, in pascuis, sylvis, garricis, aquis, aquarumve decursibus, earum omnia & in omnibus sic donamus & tradimus ad Canonicos Sancti Nazarii.

Cette donation est faite pour la subsistance des Chanoines de Saint Nazaire, & pour qu'eux & leurs successeurs jouissent en commun des biens donnés.

Donamus propter remedium animæ Reginaldi, Episcopi, qui fuit quondam in tali tenore, ut ipsi Canonici Sancti Nazarii in stipendio habeant quæ ibidem hodiè sunt, & successores illorum omni tempore commune habeant, teneant & possideant.

Une autre clause de cette donation porte que si Teudon & Odon, & les autres Aumoniers ou leurs héritiers, un Evêque ou autre personne, vouloient attaquer cette donation, ils ne pourront pas réussir en Justice, & que les biens compris dans la donation retourneront aux parens de Réginal.

Si quis vero ab hac hora vel deinceps fuerit, si

nos aut ullus de hæredibus nostris, aut ullus Episcopus, aut aliqua apposita persona, qui contrà hanc donationem Deo & Canonicis Sancti Nazarii abstollere voluerit, quod repetit non vindicet, & qui hoc fecerit, omnia superiùs scripta revertere faciat ad parentes Reginaldi, Episcopi, qui fuit quondam.

Ce retour aux parens de Reginal annonce que les biens donnés par cette chartre étoient des biens patrimoniaux de Reginal, dont il avoit voulu augmenter la dotation du Chapitre. On ne peut pas penser que cet acte fasse un partage de mense entre l'Evêque & le Chapitre; la contradiction que le Chapitre auroit éprouvée, n'auroit pas pu dans ce cas être un motif pour faire retourner aux héritiers de Reginal des biens qui auroient appartenu à la mense commune de l'Evêque & du Chapitre. D'ailleurs Reginal n'auroit pas confié à ses exécuteurs testamentaires le droit de faire ce partage; on doit plutôt regarder la chartre de 933, comme contenant l'exécution d'une libéralité faite par Reginal par un testament nuncupatif.

Cette chartre a été confirmée en 959 par une de Bernard, successeur médiat de Reginal.

Plusieurs Evêques de Béziers ont aussi augmenté dans la suite la dotation du Chapitre. En 1092, Matfred fit une premiere augmentation de dot, parce qu'il reconnut que la dotation de 933 n'étoit pas suffisante : ses Successeurs en firent de même en 1130, 1177, 1249, 1262, 1451, & années suivantes.

Le Chapitre de Béziers avoit toujours joui du bien de Saint Pierre *de Apullo*, ſans aucune contribution aux impoſitions de la Province : il fut confirmé dans le privilége d'exemption par une chartre de Raimond Roger, Vicomte de Béziers, de l'année 1203, par laquelle en approuvant & confirmant les fortifications que le Chapitre avoit faites aux environs de l'Egliſe & du lieu de Saint Pierre, & lui permettant d'en faire à l'avenir, il déclara que les biens en dépendans étoient des alleux exempts de toutes charges.

En 1485, les Maire & Conſuls de Béziers voulurent comprendre le Chapitre de Béziers dans leur compoix pour tous les biens qu'il poſſédoit. Le Chapitre réclama ſon exemption : la conteſtation fut portée devant le Sénéchal de Carcaſſonne, qui par une Sentence proviſoire diſtingua les objets qui étoient ſujets à la taille, & ceux qui ne devoient pas contribuer au payement de cette impoſition ; elle ordonna que le Chapitre payeroit pour les biens roturiers & *d'accoutumée contribution*, elle détermina quels étoient ces biens qu'elle fixa à quinze articles, déſignés ſpécialement dans cette Sentence. A l'égard des autres biens étant de l'*ancien douaire*, c'eſt-à-dire, de l'ancienne dotation, elle défendit aux Maire & Conſuls de cotiſer le Chapitre. Cette Sentence proviſoire fut confirmée par Arrêt du 14 Mars 1486, rendu au Parlement de Toulouſe, auquel la Cour des Aides de Montpellier avoit été réunie par des Lettres-Patentes du 8 Mars 1484. La

réunion

réunion ne ſubſiſta que juſqu'au 5 Octobre 1486, que la Cour des Aides fut rétablie à Montpellier. Le lieu de Saint Pierre *de Apullo*, ne faiſant pas partie des quinze articles ſujets à la taille, s'eſt trouvé compris dans la claſſe de ceux que la Sentence du Sénéchal de Carcaſſonne, confirmée par l'Arrêt de 1486, a jugés par proviſion ne devoir pas être impoſés à la taille. Le Chapitre de Beziers a continué de jouir de ce domaine ſans être compris dans le rolle des tailles.

Les Maire & Conſuls de Beziers renouvellerent leurs prétentions en 1553; ils comprirent le Chapitre de Beziers dans leur cadaſtre ou compoix, pour d'autres biens que ceux qui avoient été jugés être les ſeuls de ce Chapitre qui fuſſent ſujets à la taille. Le Chapitre ſe pourvut au Conſeil du Roi, où il intervint Arrêt qui renvoya les parties en la Sénéchauſſée de Carcaſſonne. Le Lieutenant Particulier de cette Juriſdiction a dreſſé le premier Septembre 1554 un procès-verbal, par lequel il a ordonné l'exécution de la Sentence du Sénéchal de Carcaſſonne du 25 Mai 1485.

En 1555, les Maire & Conſuls de Beziers firent un nouveau compoix dans lequel ils comprirent les biens de Saint-Pierre *de Apullo*. C'étoit une contravention formelle à l'Arrêt de 1486, qui avoit confirmé la Sentence de 1485. Ils prirent des concluſions ſur le fonds de l'appel de la Sentence de 1485. Le Chapitre de ſon côté interjetta appel de ſa cotiſation des compoix & rôles des tailles dans lesquels il avoit compris pour Saint Pierre *de Apullo*. Cette affaire fut instruite respectivement avec le plus grand soin. L'acte de 933 & tous les titres qui pouvoient établir, que le domaine *de Apullo* n'étoit pas sujet à la taille, furent produits. Sur cette contestation la Cour des Aydes de Montpellier rendit le 27 Juillet 1556, un Arrêt par lequel, en confirmant la Sentence du Sénéchal de Carcassonne, elle ordonna que le Chapitre de Beziers seroit tenu quitte & exempt de contribuer aux tailles, deniers du Roi, pour le domaine de Saint Pierre *de Apullo*, *sive de Bosco*, moulins, recluse, pêcherie, bois, prés & ses appartenances anciennes, suivant les limites & bornes désignées dans une Sentence arbitrale du 7 Mai 1281; il y eut aussi d'autres biens appartenans au Chapitre qui furent jugés exempts de tailles. L'Arrêt ordonna que les biens de Saint Pierre *de Apullo*, & les autres objets seroient rayés du Compoix. M. Tremoulet, Conseiller à la Cour des Aydes de Montpellier, fut commis pour l'exécution de cet Arrêt, il se transporta sur les lieux, raya du compoix les biens de Saint Pierre *de Apullo*, il nomma des Experts pour poser des bornes qui marqueroient les limites de ce domaine; les bornes furent posées, elles subsistent encore dans les lieux où elles ont été mises, ensorte qu'il n'y a pas de doute sur l'étendue de ce domaine.

Un second Arrêt du 26 Février de la même année,* a confirmé l'exemption, en ordonnant

* [illegible] année ne [illegible]çoit [illegible] qu'à Pâques.

que le Chapitre ſeroit tenu quitte & exempt de tous deniers & autres impoſitions pour les biens de Saint Pierre.

Les deux Arrêts de 1556, ont eu leur pleine & entiere exécution juſqu'en 1605, que les Conſuls de la Ville de Beziers renouvellerent leur compoix, dans lequel ils comprirent les biens de Saint Pierre *de Apullo*. Ils penſoient vraiſemblablement que les Calviniſtes ayant en 1562, pillé & brulé l'Egliſe & les archives du Chapitre, il ne pourroit pas rapporter de titres pour établir la nobilité de ces biens, mais les titres qui établiſſent l'exemption & la nobilité du domaine de Saint Pierre *de Apullo*, avoient échappé aux flâmes & au pillage. Le Chapitre crut devoir ſe pourvoir au Conſeil, parce que le plus grand nombre des Juges de la Cour des Aydes de Montpellier étoient Religionnaires; il y obtint le dernier Février 1608, un Arrêt d'évocation; mais les Conſuls ayant eu communication des titres du Chapitre, les Parties tranſigerent le 27 Novembre 1608; il fut convenu par cette tranſaction que le Chapitre jouiroit noblement de la Métairie de Saint Pierre *de Apullo* & ſes dépendances déſignées dans les Arrêts de 1556, & ſeroit quitte & immune de toute contribution aux tailles, deniers du Roi & autres impoſitions, & que les objets compris dans les limites de cette métairie, ſeroient rayés des compoix & cadaſtre.

Cette tranſaction a été confirmée par une délibération des Habitans du 21 Janvier 1609; il eſt dit dans cette délibération qu'elle a été priſe *d'une commune voix.* Il a été enjoint au Greffier d'inſéret cette tranſaction dans les regiſtres de la Communauté, & il a été arrêté que les Conſuls feroient rayer du compoix les terres & maiſons déclarées nobles par cet acte, qu'ils fourniroient au Chapitre une procuration pour faire homologuer la tranſaction & la délibération : en effet les deux actes ont été homologués par un Arrêt du Conſeil du 26 Avril 1610, qui n'a pas été attaqué & ne l'eſt pas encore actuellement.

Les biens de Saint Pierre *de Apullo* ont auſſi été rayés du compoix.

Le Chapitre de Beziers a joui noblement de la Métairie de Saint Pierre *de Apullo* pendant plus d'un ſiecle ; mais après 123 ans de poſſeſſion paiſible, en conſéquence de la tranſaction de 1608, de la délibération confirmative de 1609 & de l'Arrêt du Conſeil de 1610, les Maire & Conſuls ont renouvellé la conteſtation ; ils ont fait de nouvelles tentavives pour aſſujettir le domaine de Saint Pierre *de Apullo* au payement de la taille.

Ils ont le 28 Mai 1733, obtenu ſur requête non communiquée un Arrêt de la Cour des Aydes de de Montpellier, qui leur a permis de comprendre dans leur compoix les biens de Saint Pierre *de Apullo* & leurs dépendances, & ordonné que ces biens ſeroient aſſujettis à toutes les impoſitions ordinaires & extraordinaires.

Le motif expoſé dans la requête des Conſuls, fut

que l'acte de 933 étoit un contrat d'acquisition; qu'ils prétendirent établir à ce titre la roture de ces biens, que cet acte étoit une piece nouvellement recouvrée.

Il paroît que les Maire & Consuls ne faisoient pas un grand fonds sur ce moyen ; ils sçavoient que l'acquisition d'un bien n'étoit pas une preuve de roture, que d'ailleurs l'acte de 933 n'étoit pas une piece nouvellement recouvrée, qu'il avoit été produit dans l'instance sur laquelle l'Arrêt du 27 Juillet 1556, étoit intervenu, que cette piece étoit rappellée dans la transaction du 27 Novembre 1608, & dans la délibération du 21 Janvier 1609. Ils resterent dans l'inaction pendant dix-huit ans, ce ne fut qu'en 1751, qu'ils commencerent des procédures juridiques contre le Chapitre de Beziers, ils demanderent alors à la Cour des Aydes de Montpellier, que les biens de Saint Pierre *de Apullo*, fussent déclarés définitivement roturiers, & que le Chapitre de Beziers fût condamné au payement des vingt-neuf années d'arrérages de tailles.

Le 24 Novembre 1751, ils obtinrent un Arrêt par défaut qui leur adjugea leurs conclusions.

Le Chapitre ayant négligé de former opposition à cet Arrêt dans la huitaine de la signification, se pourvut par la voye de la requête civile.

Les Maire & Consuls reconnurent que la question de nobilité & exemption de tailles ayant été jugée en faveur du Chapitre par les deux Arrêts des 27 Juillet & 20 Février 1556 : ces deux Arrêts formoient un obstacle à leur prétention, ils les attaquerent par la requête civile.

Leurs moyens de requête civile furent :

1°. Que leur Communauté avoit été mal défendue.

2°. Qu'ils rapportoient de nouvelles pieces qui établissoient la roture du domaine de Saint Pierre *de Apullo*.

3°. Que les Arrêts de 1556 avoient été rendus sans conclusions du Ministere Public.

On voit cependant d'un côté que la contradiction avoit été la plus entiere & la plus vive lors des Arrêts de 1556, d'un autre, que l'acte de 933, qui fait aujourd'hui la piece fondamentale des Maire & Consuls, avoit été produit, enfin que la nécessité des conclusions du Ministere Public dans cette matiere, n'étoit encore requise par aucune loi: quoi qu'il en soit, la requête civile fut entérinée par Arrêt du 5 Mai 1752.

Le même Arrêt, faisant droit sur les conclusions du Procureur Général, ordonnoit que l'Arrêt du 28 Mai 1733, seroit exécuté selon sa forme & teneur, ce faisant, qu'à la diligence des Maire & Consuls, le Syndic du Chapitre payeroit la taille des biens de la métairie & domaine de Saint Pierre *de Apullo*, depuis le jour de la cotisation qui en avoit été faite en vertu de cet Arrêt, entre les mains du Trésorier de la Province de Languedoc, pour y rester jusqu'à ce qu'il en fût autrement dit & ordonné.

Et ayant égard aux lettres en forme de requête civile obtenues par les Maire & Consuls de Beziers contre les Arrêts de 1556, & à l'opposition de M. le Procureur Général, formée à ces deux Arrêts, a remis les Parties au même état qu'elles étoient avant ces deux Arrêts.

Le Chapitre a interjetté appel du compesiement ou rôle des tailles fait en exécution de l'Arrêt du 28 Mai 1733, mais par Arrêt du 23 Décembre 1755, le compesiement a été confirmé, les biens & domaines de Saint Pierre ont été déclarés définitivement roturiers : l'Arrêt a ordonné que comme tels, ils contribueroient à toutes les impositions ordinaires & extraordinaires, & a condamné le Chapitre à payer vingt-neuf années de la taille échues avant le 9 Septembre 1751, jour de la demande, suivant la liquidation qui en seroit faite sur l'état que les Consuls en donneroient.

Cette liquidation a été faite par Arrêt du 25 Mai 1756.

Le Chapitre s'est pourvu en cassation contre ces quatre Arrêts; il a obtenu le 24 Avril 1758, un Arrêt qui casse celui du 28 Mai 1733 & celui du 5 Mai 1752, en ce qu'il avoit ordonné l'exécution de celui du 28 Mai 1733, & le payement provisoire des tailles. Le même Arrêt casse ceux des 23 Décembre 1755 & 25 Mai 1756, les saisies & Arrêts faites en conséquence & tout ce qui a suivi.

Par une derniere disposition le Roi a évoqué à son Conseil les appels & demandes sur lesquels ces Arrêts sont intervenus.

Les Maire & Consuls de Beziers ont formé opposition à cet Arrêt.

Le Syndic-Général de la Province de Languedoc a donné sa requête d'intervention, par laquelle il a adhéré aux conclusions des Maire & Consuls.

Les Agens Généraux du Clergé de France sont aussi intervenans, & demandent, comme le Chapitre de Beziers, que les Maire & Consuls de Beziers, & le Syndic Général de la Province de Languedoc, soient déboutés de leur opposition.

Principes résultans des Loix particulieres de la Province de Languedoc, relatives au payement de la Taille, & à l'exemption de cette imposition.

Pour connoître si des biens situés en Languedoc sont assujettis au payement de la taille réelle, qui a lieu dans cette Province, ce sont les Loix particulieres de cette Province qu'il faut consulter. C'est par cette raison que le Syndic Général de la Province a, dans sa Requête imprimée; commencé sa défense par l'exposé des dispositions du droit public de la Province de Languedoc, concernant la nobilité ou roture des fonds de terre, l'exemption de la taille ou l'obligation de la payer se réglant par la nobilité ou la roture des fonds. Il a pensé, avec raison, que c'étoit dans les sources de ce droit public qu'il falloit puiser les principes de cette matiere; mais il a reporté ses recherches trop loin, en en remontant aux Loix Romaines. Sans ſe livrer à la diſcuſſion de ces Loix ; il ſuffit d'obſerver que le Gouvernement féodal, dont eſt dérivée la diſtinction des biens nobles & roturiers, n'a été introduit que long-temps après ces loix, qu'elles ne peuvent par conſéquent ſervir de règle pour juger de l'exemption de tailles en Languedoc ; ainſi on doit ſe borner aux principes établis par les Loix relatives à la taille réelle dans cette Province.

L'Ordonnance de Charles VII du 30 Janvier 1446, eſt la premiere Loi qui ait rendu la taille réelle ordinaire & perpétuelle dans la Province de Languedoc : avant cette époque, les tailles n'étoient qu'une impoſition extraordinaire & momentanée, qui ne ſe levoit que ſur des héritages roturiers. Le Roi Charles VII ordonna en 1446 que tous les héritages du Pays de Languedoc, *d'ancienneté contribuables* aux aides & tailles du pays, ſeroient contribuables dans le lieu de leur ſituation, ſans avoir égard au domicile des propriétaires. Avant cette Loi, on ſuivoit le même uſage. On en trouve la preuve dans des lettres-Patentes du 22 Juin 1372 & 21 Mars 1401, qui ſont rapportées dans un recueil de Loix, que les Maire & Conſuls de Beziers & le Syndic de la Province de Languedoc ont fait imprimer. Ce recueil contient auſſi les autres Loix, dont on aura occaſion de parler dans la ſuite.

Il n'y a que les biens roturiers qui devoient être impoſés à la taille. Si la Déclaration du 30 Janvier

1446 ne l'a pas décidé expreffément, elle l'a fuppofé, en n'ordonnant l'impofition que fur les biens qui étoient anciennement contribuables. Mais des Lettres Patentes du 4 Octobre 1456, portent que les tailles s'impofoient *fur les poffeffions*, *rentes* & héritages *ruraux*, qui ne font pas nobles.

On diftingue en Languedoc quatre efpeces de biens, relativement à la taille réelle. Les biens nobles, ceux qui font préfumés nobles, les roturiers, & ceux par rapport auxquels on ne confulte que leur ufage, abftraction faite de la nobilité, roture, ou préfomption de nobilité.

Les biens nobles, formant la premiere claffe, ne font pas taillables, foit qu'ils foient poffédés par des nobles, foit que le propriétaire foit roturier. La Déclaration du 9 Octobre 1684, établit ce principe. Dans l'article premier, il eft dit :

Les biens nobles ne feront fujets à aucune des impofitions qui fe feront, tant pour nos deniers que pour ceux des Communautés, fans diftinction de la qualité des poffeffeurs de ces biens.

Dans cette Province, c'eft la qualité des biens & non celle de la perfonne qui fert de règle pour le payement ou l'exemption de la taille. Les Déclarations & Lettres-Patentes des 4 Octobre 1456, 16 Octobre 1463, 9 Octobre 1501, 18 Juin 1535 & 26 Mars 1543, avoient décidé que les nobles étoient affujettis à la taille quand ils poffédoient des héritages roturiers. La Déclaration de 1684, article premier, établit la réciprocité pour les biens nobles poffédés par les roturiers.

Il n'eſt pas toujours néceſſaire de rapporter des titres de nobilité des biens pour jouir des priviléges d'exemption de la taille. Les articles 3, 4 & 6 de la Déclaration de 1684, accordent la préſomption de nobilité à certains biens.

Dans l'article 3, il eſt dit que *les biens dépendans des principales Egliſes, comme Cathédrales, Abbatiales, Commanderies, on autres de fondation Royale, ſeront cenſés & préſumés nobles, s'il n'eſt juſtifié par le contrat d'acquiſition ou autres actes de la roture deſdits biens.*

L'article 4 ajoute : *Seront pareillement préſumés nobles les biens des Egliſes Paroiſſiales dans l'étendue de leurs Paroiſſes ſeulement. A l'égard des biens dépendans des autres Egliſes, Chapelles, Fondations, Obituaires, Confrairies & antres ſemblables, ils ſeront cenſés roturiers & contribueront aux impoſitions, quand même le Curé en jouiroit, ſi les poſſeſſeurs ne juſtifient par titres de leur nobilité.*

L'article 6 décide que, *les fonds, héritages & droits poſſédés par les Seigneurs Juſticiers dans l'étendue de leur juriſdiction, même par ceux qui n'auroient que la moindre partie de la baſſe Juſtice, ſeront cenſés & préſumés nobles, s'il n'eſt juſtifié du contraire par actes.*

A l'égard des héritages, dont la roture eſt certaine, on a établi qu'ils étoient impoſables à la taille, en telles mains qu'ils ſe trouvaſſent.

La quatriéme & derniere eſpece de biens, qui

comprend ceux qui ſont exempts de tailles, abſtraction faite de la nobilité & roture, ou de la préſomption de nobilité, eſt marquée dans l'article 5 de la Déclaration de 1684 : *Seront néanmoins*, (eſt-il dit dans cet article) *les fonds où ſont conſtruites les Egliſes, les Séminaires, Maiſons Presbytérales, Maiſons Religieuſes & Hôpitaux, avec leur jardin ſeulement, pourvu qu'il ſoit contigu auxdites maiſons, immunes & déchargées de la contribution aux tailles, tant & ſi longuement que leſdits lieux ſerviront à cet uſage.*

De cette diſtinction, il réſulte que le Syndic Général de la Province de Languedoc a porté trop loin ſon ſyſtême dans la ſeconde maxime qu'il a propoſée, page 11 de ſa Requête imprimée, en diſant que la qualité noble d'un fonds n'eſt autre choſe que ſa qualité & nature féodale ; en ſorte que pour prouver la nobilité d'un fonds, il faut rapporter des preuves de ſa féodalité.

1°. Il ne faut pas confondre les Laïcs avec les Egliſes principales dénommées dans les articles 3 & 4, qui n'exigent pas la preuve de nobilité pour établir le privilége d'immunité des tailles, mais admettent la préſomption de nobilité, & ne permettent aux Communautés de comprendre les biens de ces Egliſes dans le rolle, cadaſtre ou compoix des tailles, que quand ces Communautés ſont en état de prouver par des actes la roture de ces biens, avec la ſeule différence que la préſomption de nobilité n'a lieu en faveur des Egliſes Paroiſſiales, que pour les biens ſitués dans l'étendue des Paroiſſes, au lieu que la préſomption de nobilité a lieu pour les biens des Egliſes principales déſignées, article 3 de la Déclaration de 1684, dans quelqu'endroit qu'ils ſoient ſitués.

Il eſt vrai que cet article 3 ne dit pas expreſſément que la préſomption de nobilité aura lieu indiſtinctement pour tous les biens de ces Egliſes principales, & qu'une Déclaration du 6 Mai 1692 avoit ordonné que les préſomptions de nobilité n'auroient lieu que pour les biens & fonds ſitués dans les lieux de l'établiſſement de ces Egliſes. Mais par une Déclaration du 13 Juillet 1694, le Roi a révoqué celle du 6 Mai 1692, & ordonné, conformément à l'article 3 de celle du 9 Octobre 1684, que les biens dépendans des principales Egliſes, comme Cathédrales, Abbatiales, Commanderies & autres de fondation Royale de la Province de Languedoc, feroient cenſés & réputés nobles, s'il n'étoit juſtifié de la roture de ces biens par contrat d'acquiſition ou autres actes.

Un des motifs annoncés dans le préambule de la Déclaration du 13 Juillet 1694, eſt que le Roi a conſidéré la poſſeſſion immémoriale où étoient les Egliſes principales de jouir de l'exemption de tailles & autres impoſitions, & de la préſomption de nobilité pour tous les héritage qu'elles poſſédoient.

2°. La qualité de bien féodal n'eſt pas néceſſaire pour établir la nobilité d'un fonds. Les francs-aleux nobles forment aussi des héritages nobles, qui doivent par conséquent jouir du privilége de l'exemption de la taille.

A l'égard des Eglises principales & Paroissiales, elles ne sont pas, suivant les articles 3 & 4 de la Déclaration de 1684, obligées de rapporter de titres de nobilité, cette Loi décide que les biens dépendans de ces Eglises sont présumés nobles.

Il n'est pas nécessaire, pour établir la présomption de nobilité des biens dépendans des Eglises principales désignées dans l'article 3 de la Déclaration de 1684, ni de ceux des Eglises Paroissiales, dont l'article 4 de cette loi fait mention, de prouver que ces biens font partie de la dotation primitive. Il n'y a aucune disposition dans la Déclaration de 1684, ni dans les loix antérieures & postérieures, qui admette cette restriction, ce sont tous les biens dépendans des Eglises principales, dans quelque lieu qu'ils soient situés, & ceux des Eglises Paroissiales situées dans l'étendue des Paroisses, auxquels la présomption de nobilité est accordée; les dotations de ces Eglises ne se font souvent qu'insensiblement & par dégrés, & le privilége de présomption de nobilité a lieu tant pour ce qui a augmenté ou completté la dotation, que pour ce qui en a formé le commencement.

La présomption de nobilité établie par la Déclaration de 1684, pour les Eglises principales & le Paroisses, peut être détruite ou par des acte, qui établissent la roture, ou par des compoix.

Le premier cas eſt décidé par l'article 3 de la Déclaration de 1684, qui porte que les biens dépendans des Egliſes principales, *ſeront cenſés & préſumés nobles, s'il n'eſt juſtifié par le contrat d'acquiſition ou autres actes de la roture de ces biens.*

A l'égard des compoix, l'article 13 de cette Déclaration marque les circonſtances dans leſquelles ils pourront détruire la préſomption de nobilité. Il y eſt dit que *les biens poſſedés par des Egliſes fondées en préſomption, ou par les Seigneurs Juſticiers qui ſe trouveront compéſiés ſous le nom d'un ou pluſieurs autres particuliers avant 40 ans, ſeront cenſés roturiers, ſi le contraire n'eſt prouvé par titres, ce qui aura lieu pour les biens de pareille nature, qui ſe trouveront compéſiés ſous d'autres noms, & dont la cotiſation ſera juſtifiée par quelque rôle & payement.*

Les Maire & Conſuls de Beziers prétendent qu'il n'eſt pas néceſſaire de rapporter des titres qui prouvent que les héritages ſont roturiers, qu'il ſuffit ſeulement de prouver que les héritages ont été acquis. Ils ſoutiennent que le contrat d'acquiſition ſuffit pour prouver la roture. Le Syndic Général de la Province de Languedoc adopte cette propoſition. Il donne même cette aſſertion comme un principe inconteſtable en Languedoc. Le ſyſtême des Maire & Conſuls & du Syndic eſt fondé ſur les articles 3 & 12 de la Déclaration de 1684.

L'article 3 ne décide nullement qu'un contrat d'acquiſition, forme ſeul la preuve de la roture,

& détruiſe la préſomption de nobilité, il le met ſeulement au nombre des actes dans leſquels on peut trouver la preuve de la roture; il ne dit pas que la préſomption de nobilité ſera détruite par la ſeule repréſentation d'un contrat d'acquiſition, mais que la préſomption de nobilité ſubſiſtera, s'il n'eſt pas juſtifié par *le contrat d'acquiſition, ou autres actes de la roture des biens.* Cette Loi ne fait donc pas conſiſter la preuve de la roture dans la ſeule repréſentation d'un contrat d'acquiſition. Elle exige, pour opérer cette preuve, que le contrat juſtifie la roture, c'eſt-à-dire, qu'elle met les contrats d'acquiſition au nombre des actes qui peuvent adminiſtrer la preuve de la roture. Si la Loi parle ſpécialement des contrats d'acquiſition, c'eſt parce qu'ordinairement ces contrats contiennent des détails plus particuliers, parce que la nature des biens y eſt le plus ſouvent marquée plus ſpécialement.

Si l'article 12 de la Déclaration de 1684 décide que les biens acquis par l'Egliſe ou par les Seigneurs ſeront cenſés & déclarés roturiers, s'il n'appert par titres de leur nobilité, on ne peut pas en conclure que la ſimple repréſentation d'un contrat d'acquiſition détruiſe la préſomption de nobilité, autrement il faudroit ſuppoſer de la contradiction entre cet article & l'article 3 de la même Loi, qui décide que les biens dépendans des principales Egliſes, comme Cathédrales, &c. ſeront cenſés & préſumés nobles, s'il n'eſt juſtifié par le contrat d'acquiſition ou autres actes de la roture de ces biens.

biens. Ces deux artiles & les autres de la Déclaration de 1684, doivent s'expliquer par les Ordonnances antérieures dont cette Loi n'eſt réellement qu'un extrait & une compilation : or, il eſt prouvé par les Loix antérieures que les contrats d'acquiſition qui détruiſent la préſomption de nobilité, ne ſont autres que ceux des biens ruraux & non nobles, qui étoient d'ancienne contribution.

Il faut cependant convenir que la Déclaration du 20 Février 1708, porte que les Communautés qui produiront des acquiſitions d'héritages, faites par ceux qui ſont fondés en préſomption de nobilité, ne ſeront tenus de faire d'autres preuves pour détruire cette préſomption. Mais les diſpoſitions de la Déclaration de 1708 ont été reſtraintes par les Déclarations des 23 Janvier 1721 & 17 Octobre 1741, qui ont décidé que les Communautés ne pouvoient pas faire ceſſer la préſomption de nobilité par le rapport de ſimples contrats d'acquiſition, mais ſeulement quand les contrats contiendroient des preuves de la roture.

Dans le préambule de la Déclaration du 23 Janvier 1721, le Roi, après avoir rappellé les diſpoſitions de la Déclaration de 1708, qui n'exigeoient que la repréſentation d'un contrat d'acquiſition pour détruire la préſomption de nobilité, dit que les gens des trois Etats de la Province de Languedoc ayant reconnu que pluſieurs Communautés abuſoient des termes de cette Déclaration ; & ſous prétexte de la permiſſion qui leur étoit accordée de nommer des Experts pour procéder à l'estimation des biens qu'ils vouloient ajouter aux compoix, entreprenoient d'y comprendre des biens fondés en présomption de nobilité, sans observer aucune formalité, & sans avoir obtenu préalablement la permission de la Cour des Comptes, Aides & Finances de Montpellier, comme il s'étoit toujours pratiqué avant cette Déclaration, auroient supplié Sa Majesté de remédier à cet abus, également préjudiciable aux Possesseurs fondés en présomption de nobilité & aux Communautés.

Par le dispositif, le Roi ordonne que les Communautés de la Province de Languedoc ne pourront à l'avenir cotiser à la taille les biens fondés en présomption de nobilité, qu'après avoir rapporté à la Cour des Comptes, Aides & Finances de Montpellier des titres de roture en bonne forme, comme anciens compoix, contrats d'acquisition, baux à rentes, rentes foncieres, champart ou agriers, transactions ou autres équivalens, suivant la Déclaration du 9 Octobre 1684, sur lesquels cette Cour accordera la permission de cotiser & allivrer ces biens, *si elle trouve que ces titres soient suffisans pour détruire la présomption de nobilité.*

Les contrats d'acquisition peuvent donc, aux termes de cette Loi, n'être pas suffisans pour détruire la présomption de nobilité, il faut qu'ils soient en même-temps des titres de roture, *conformément à la Déclaration du 9 Octobre 1684*, qui ne les admet pas comme détruisant la présomption de nobilité, à moins qu'ils ne justifient la roture. C'est pour remédier aux abus qui résultoient de l'exécution de la Déclaration de 1708, que celle de 1721 a limité les dispositions de cette Loi, contraire à celle du 9 Octobre 1684, & a ordonné, conformément à cette premiere Loi, que tous contrats d'acquisition quelconque ne pourroient pas détruire la présomption de nobilité; que cette présomption ne pourroit être détruite que par les contrats de cette espece qui justifieroient la roture, ou quand la roture seroit prouvée par d'autres titres en bonne forme.

C'est en ce sens qu'il faut entendre la Déclaration du 17 Octobre 1741, qui ordonne dans l'article premier que *les Communautés de la Province de Languedoc ne pourront cotiser à la taille les biens en présomption de nobilité, qu'après avoir rapporté en la Cour des Comptes, Aydes & Finances de Montpellier des contrats d'acquisition, ou des titres de roture en bonne forme, conformément à la Déclaration du 23 Janvier 1721, à raison des biens situés dans leurs taillables, sur lesquels titres notredite Cour accordera la permission d'allivrer & cotiser lesdits biens, le tout en la forme & maniere prescrites par notredite Déclaration.*

Cet article ne peut être susceptible d'équivoque; la Déclaration de 1741 ne donne aux contrats d'acquisition d'autre effet contre la présomption de nobilité, que celui résultant de la Déclaration du 23 Janvier 1721, qui avoit ordonné, relativement à cet objet, l'exécution de la Déclaration de 1684, suivant laquelle un contrat d'acquisition quelconque ne pouvoit pas détruire la présomption de nobilité, qui ne devoit céder qu'aux contrats dont les clauses prouvoient la roture. La Déclaration de 1741, ne doit donc s'entendre comme celle de 1721 & 1684, que les contrats d'acquisition qui établissent la roture. La présomption de nobilité ne peut, aux termes de ces trois Loix, être détruite que par des preuves claires & précises. Une présomption légale forme une preuve juridique, à laquelle on ne peut opposer que des preuves certaines, requises par la Déclaration de 1684, dont celles de 1721 & 1741 ordonnent l'exécution. Ces deux dernieres Loix ont dérogé à la Déclaration de 1708, qui n'exigeoit que la simple représentation d'un contrat d'acquisition, pour détruire la présomption de nobilité. La dérogation résulte, tant des dispositions contraires qu'elles contiennent, que de la clause dérogatoire qui se trouve à la fin de ces deux Loix. On a d'ailleurs observé que, dans le préambule de la Déclaration de 1721, le Roi avoit annoncé qu'il vouloit remédier aux abus résultans de l'exécution de la Déclaration de 1708. Dans celui de la Déclaration du 17 Octobre 1741, le Roi s'explique en ces termes : *Il nous a paru que la Déclaration du feu Roi, notre très-honoré Seigneur & bisayeul, du 28 Février 1708, avoit principalement donné lieu aux représentations par la trop grande facilité qu'elle donnoit aux Communautés de priver les Seigneurs & les*

Eccléſiaſtiques de l'effet de la préſomption de nobilité qui leur a été juſtement accordée. Nous avons dès-lors été convaincus, qu'en apportant de ſages modifications à une Loi, dont l'abus a été ſenſible, nous remplirions, à proprement parler, l'objet de toutes les demandes du Clergé.

C'eſt à l'abus réſultant de la Déclaration de 1708 que le Roi a remédié, en dérogeant, par celles de 1721 & 1741, à la diſpoſition qui décidoit que la ſeule repréſentation d'un contrat d'acquiſition détruiroit la préſomption de nobilité ; & en ordonnant l'exécution de l'art. 3 de la Déclaration de 1684, qui ne donne aux contrats d'acquiſition l'effet de détruire la préſomption de nobilité, que dans le cas où ils prouvent réellement la roture.

La tranſlation de propriété n'eſt pas une dégradation de la nobleſſe. L'art. 3. de la Déclaration de 1684, ne dit pas que la préſomption de nobilité ceſſera, s'il y a un contrat, mais que les biens des Egliſes principales ſeront cenſés & préſumés nobles, *s'il n'eſt juſtifié, par le contrat d'acquiſition ou autres actes, de la roture de ces biens.*

Si un contrat d'acquiſition énonçoit un de ces actes que la Loi décide opérer la roture, il feroit ceſſer la préſomption de nobilité, non par la ſeule raiſon qu'il ſeroit contrat d'acquiſition ; mais parce que le titre de l'acquereur adminiſtreroit contre lui la preuve de la roture, & ſeroit une preuve écrite, à laquelle toute préſomption doit céder.

Il ſeroit donc ſouverainement injuſte que la ſimple repréſentation d'un contrat d'acquiſition fût suffisante pour détruire la présomption de nobilité que la Déclaration de 1684 attribue aux biens dépendans des Eglises principales : aussi l'art. 3. qui contient les principes relatifs à ces Eglises, ne donne-t-il pas à tout contrat d'acquisition l'effet de détruire la présomption de nobilité ; il ordonne au contraire que *les biens dépendans des principales Eglises, comme Cathédrales, &c. seront censés & réputés nobles, s'il n'est justifié, par le contrat d'acquisition ou autres actes, de la roture desdits biens.*

Tout contrat d'acquisition ne détruit donc pas la présomption de nobilité des biens dépendans des Eglises principales ; il n'y a que ceux qui justifient de la roture.

Pour déterminer le véritable sens de la Déclaration de 1684, il faut consulter les Ordonnances antérieures : ces Loix expliquent ce qu'on doit entendre par les acquisitions dont il est fait mention dans les articles 3 & 12 de la Déclaration de 1684, qui, suivant l'aveu du Syndic de la Province de Languedoc, page 9 de sa Requête imprimée, *n'est pas, à proprement parler, une nouvelle Loi, mais une conciliation de toutes celles qui avoient été faites jusqu'alors sur la matiere de la nobilité.*

On voit dans ces Loix antérieures, que les contrats d'acquisition ne peuvent détruire la présomption de nobilité, que pour les biens ruraux & non nobles d'ancienne contribution.

La premiere Loi (suivant la Requête imprimée

du Syndic, p. 47) *fut rendue par le Roi Charles VII. en 1446.* Elle a été rendue au ſujet de gros Marchands, Habitans des grandes Villes, qui achetoient des biens des Habitans des Villages circonvoiſins, & prétendoient que les biens devoient ſuivre les perſonnes ; d'où ils tiroient la conſéquence qu'ils devoient être impoſés, pour ces biens, dans les Villes où ils demeuroient, & non dans les lieux de la ſituation des héritages acquis. Le Roi ordonne que les biens *d'ancienneté contribuables* aux Tailles, ſeront contribuables aux lieux de la ſituation. Cette Ordonnance n'aſſujettit pas indiſtinctement à la Taille tous les héritages acquis, mais ſeulement ceux qui étoient anciennement contribuables. Ceux qui n'étoient pas anciennement contribuables, étoient ceux des Egliſes & des Seigneurs qui jouiſſoient, de tems immémorial, du privilége d'immunité ou de nobilité.

Au mois d'Octobre 1456, Charles VII. donna des Lettres Patentes pour le Diocèſe de Toulouſe, portant que dans ce Diocèſe, *& par tout le Pays de Languedoc ont accoutumé, de toute ancienneté, faire impoſition des Tailles . . . principalement ſur les poſſeſſions, rentes & héritages* ruraux *qui ne ſont point nobles . . . & ſont raiſonnablement tenus ceux qui acquierent les héritages* ruraux, *ou à qui ils ſont tranſportés & délaiſſés, de payer les taux à quoi étoient impoſés leſdits héritages avant qu'ils fuſſent en leurs mains, & de ce a été uſé au-*

dit Pays de Languedoc par tel & si long-tems qu'il n'est mémoire du contraire.

Charles VI. avoit, le 11 Août 1408, ordonné que les biens acquis des Roturiers par les Nobles, seroient privilégiés & exempts pendant tout le tems qu'ils resteroient entre leurs mains. Cette Ordonnance fut révoquée par celle de Louis XI. du 6 Octobre 1463, portant que *grand nombre de Gens d'Eglise, nobles & autres, eux disant privilégiés, qui depuis aucun tems en ça ont acquis & acquierent chacun, tant en leurs noms privés, comme au nom de leurs Eglises, plusieurs* maisons, rentes, héritages & possessions rurales dudit Pays (de Languedoc) *lesquels contribuoient pour raison d'icelles à nosdits deniers avant lesdites ventes, lesquels Gens d'Eglise & autres incontinent qu'ils ont acquis lesdites possessions & héritages, les ont, par autorité ou autrement, voulu exempter desdites contributions ; Nous voulant obvier à telles fraudes ... avons ordonné que toutes les maisons, terres, rentes, héritages ou autres possessions* rurales & contribuables *qui ont été, par lesdits Gens d'Eglises, Nobles, Etudians & autres eux disant privilégiés, & qui seront* acquises *ou leur adviendront par légats ou donations des Gens lais* LESQUELS CONTRIBUOIENT AUSDITES TAILLES ET AUTRES DENIERS, *pour raison d'icelles avant qu'ils les eussent vendues, données & transportées ausdits Gens d'Eglise, Nobles & Privilégiés, seront contribuables à nosdits deniers & impôts.*

De

De ces Ordonnances il résulte que les acquisitions dont elles font mention, ne peuvent concerner que celles qui avoient été faites de Gens Laïcs de biens qui étoient anciennement contribuables, & ne peuvent s'entendre des legs & donations qui avoient été faits sous la seconde Race de nos Rois par les Evêques ou Seigneurs qui ne contribuoient pas au paiement des Tailles. L'Ordonnance du 9 Octobre 1501 n'assujettit de même au paiement de la Taille les biens acquis par ceux qui jouissoient de la présomption de nobilité, que relativement *aux biens ruraux & d'ancienne contribution.*

La même disposition se trouve dans l'Edit du 18 Juin 1535, qui ne fait mention que des héritages *ruraux* & sujets, de tout tems, à la contribution & paiement des Tailles, qui sont les seuls objets que cette Loi assujettit à la contribution depuis l'acquisition faite par les fondés en présomption de nobilité, comme ils l'étoient avant l'acquisition.

La Déclaration de François I. du 26 Mars 1543, n'oblige aussi les Eglises de payer la taille pour les acquisitions, que relativement *aux héritages ruraux & d'ancienne contribution.*

Toutes les Loix se réunissent donc pour établir que le simple contrat d'acquisition ne suffit pas pour détruire la présomption de nobilité, & que les biens des Eglises fondées en présomption de nobilité, conservent cette présomption tant qu'il n'eſt pas prouvé que les biens acquis par ces Egliſes ne proviennent de Gens laïcs & Roturiers; entre les mains deſquels les héritages étoient d'ancienne contribution; c'eſt ce que la Déclaration de 1684 a décidé en termes précis dans l'art. 3. qui porte, que les biens des Egliſes principales ſeront cenſés & préſumés nobles, s'il n'eſt juſtifié, par le contrat d'acquiſition, ou autres actes, de la roture de ces biens.

En rapprochant ainſi cette Déclaration des Loix antérieures, on voit que la Déclaration de 1684 n'établit que les mêmes principes qui ſe trouvent écrits dans les Loix antérieures; on reconnoît une marche égale, une uniformité de principes, une déciſion, dont les maximes ne varient pas; c'eſt ce qui a fait dire au Syndic de la Province, que cette Déclaration *n'étoit pas, à proprement parler, une nouvelle Loi, mais une conciliation & une rédaction de toutes celles qui avoient été faites juſqu'alors ſur la matiere de la nobilité.* On voit en effet que, par l'Arrêt du Conſeil du 12 Novembre 1667, qui avoit renvoyé aux Etats de Languedoc pour examiner les moyens qu'ils jugeroient les plus propres & les plus avantageux à la Province, au ſujet de la nobilité des fonds, & en faire un Réglement; il eſt dit que c'eſt pour faire un Reglement pour l'avenir, pour, ſur l'avis de l'Aſſemblée des trois Etats, être ordonné par Sa Majeſté ce que de raiſon. L'objet du Souverain a donc été dans cet Arrêt, de fixer & déterminer les principes de la matiere, conformément aux Loix qui avoient été rendues précédemment dans différentes occasions, & de former, sur l'avis des Etats, un Code ou Reglement dont les dispositions ne seroient qu'une compilation & une réunion de différentes Loix antérieures; ainsi la regle la plus sûre pour juger du véritable sens des articles de la Déclaration de 1684, copiée littéralement sur l'avis des trois Etats, donnée en exécution de l'Arrêt du Conseil du 12 Novembre 1667, est de consulter les Loix antérieures qui ont toutes décidé que la simple acquisition n'étoit pas un titre pour détruire la présomption de nobilité; que cette présomption devoit subsister, quand il n'étoit pas justifié que les biens avoient été achetés de Gens Laïcs & Roturiers, & que les héritages étoient contribuables d'ancienneté.

L'Arrêt du Conseil du 12 Novembre 1667, en ordonnant aux Etats de donner leur avis à l'effet de faire un Réglement pour l'avenir, prouve aussi que les biens qui n'étoient pas anciennement contribuables, conformément aux principes établis par les Loix antérieures, ne pouvoient pas le devenir, le Réglement ne pouvant pas avoir un effet rétroactif; ce qui est un nouveau motif pour consulter les anciennes Loix.

Le Syndic Général de la Province de Languedoc dit, qu'un des principes de la Province, est, que les biens & héritages roturiers ne peuvent jamais devenir nobles, soit par la possession immémoriale d'immunité, quelque longue qu'elle puiſſe être, quand même ces biens n'auroient jamais payé aucunes impoſitions, & n'auroient pas été mis dans les Compoix ou Cadaſtres ſur leſquels on fait annuellement le rôle des impoſitions ; ſoit par des contrats ou tranſactions d'annobliſſement & compoſition de Tailles, paſſés avec les Conſuls ou Syndics des Communautés, qui ſont déclarés nuls & de nul effet. Pour la preuve de ſa propoſition, il oppoſe les articles 17 & 18 de la Déclaration de 1684. L'article 17 eſt ainſi conçu :

Nulle preſcription ou poſſeſſion immémoriale d'immunité du payement des Tailles, ne pourra être alléguée, ni oppoſée pour la preuve de la nobilité des héritages, quand même ils n'auroient jamais été compéſiés, ni allivrés dans le Cadaſtre.

L'article 18 contient cette diſpoſition : *Tous contrats & tranſactions d'annobliſſement, d'abonnement & de compoſition de Tailles, paſſés entre les Conſuls ou Syndics des Communautés, & les Poſſeſſeurs des héritages roturiers, ſeront déclarés nuls, ſans que pour raiſon de ce, aucune preſcription puiſſe être oppoſée.*

La ſeule conſéquence qui réſulte des diſpoſitions de ces deux articles, eſt, que la preuve de la roture étant établie par des actes précis, les Egliſes principales ou paroiſſiales ne peuvent pas oppoſer la poſſeſſion ; que la qualité d'héritage roturier eſt impreſcriptible, que la poſſeſſion ne peut pas dans cette matiere détruire le titre. Mais la poſſeſſion centenaire ou de pluſieurs ſiécles eſt décifive, quand il ne s'agit que de préſomption de nobilité qui n'eſt pas détruite par les titres. Si on n'admet pas en Languedoc la preſcription contre les titres en matiere de Tailles, la préſomption de nobilité ſubſiſte, quand il n'y a pas de titre de roture contraire à cette préſomption. Il ne faut donc pas confondre la preſcription de nobilité contre un titre de roture, avec l'effet de la poſſeſſion d'un ou pluſieurs ſiécles de la part des Egliſes fondées en préſomption de nobilité; cette poſſeſſion ne fait que confirmer la préſomption légale, qui ne peut être détruite que par des titres juſtificatifs de la roture, ſuivant l'article 3 de la Déclaration de 1684, la Déclaration de 1721, & celle de 1741, article premier.

Cette poſſeſſion eſt déciſive. Le Souverain lui-même l'a reconnue telle dans le préambule de la Déclaration du 13 Juillet 1694, par laquelle il a décidé que la préſomption de nobilité des biens dépendans des Egliſes principales, auroit lieu pour tous leurs biens indiſtinctement, même pour ceux ſitués hors du lieu de leur établiſſement. On a déjà remarqué que le Roi avoit déclaré dans le préambule de cette Loi, qu'il avoit eu égard à la poſſeſſion immémoriale des Egliſes principales, de jouir de l'exemption des Tailles & autres impoſitions, & de la préſomption de nobilité pour tous les héritages qui leur appartenoient.

Le Syndic de la Province de Languedoc donne

aussi pour maxime, que dans le doute, on doit se déterminer pour tout ce qui est favorable à la roture, parce que tous les fonds sont censés roturiers de leur nature; que d'ailleurs la roture est favorable, en ce qu'elle tend à établir l'égalité dans le département des impositions; & que la nobilité au contraire, qui est l'exception à cette régle, & qui tend à détruire l'égalité est, en ce point, odieuse, & doit être restrainte. Il paroît se fonder sur le préambule de la Déclaration du 30 Août 1707, dans lequel il est dit que tous les biens-fonds & héritages sont censés roturiers de leur nature. Mais la Déclaration de 1684 & les Loix subséquentes, admettent une présomption de nobilité pour les biens des Eglises principales & paroissiales; elles en admettent aussi pour les biens que les Seigneurs Justiciers possédent dans l'étendue de leur Jurisdiction: ainsi ce sont deux principes qui ne se contredisent pas, & qui ont chacun leur application dans leur cas, deux présomptions légales qui s'appliquent à différens cas. Quand il s'agit de biens appartenans à des Eglises principales ou paroissiales, la présomption légale est que ces biens sont nobles, avec cette différence néanmoins, que la présomption légale de nobilité a lieu pour les biens des Eglises principales, dans quelque endroit que ces biens soient situés; au lieu qu'elle n'a lieu pour les biens dépendans des Eglises paroissiales, que quand ils sont situés dans l'étendue de la Paroisse.

Il en eſt de même des biens appartenans aux Seigneurs Juſticiers. La préſomption légale eſt que ces biens ſont nobles, s'ils ſont ſitués dans l'étendue de leur Juriſdiction ; mais les Seigneurs Juſticiers n'ont pas en leur faveur la même préſomption, quand les biens ſont ſitués hors de leur Juriſdiction.

A l'égard des biens appartenans à d'autres qu'aux Egliſes principales & paroiſſiales, ou aux Seigneurs Hauts-Juſticiers, la préſomption légale eſt, que ces biens ſont roturiers ; mais comme les Laïcs non Juſticiers, & même les Egliſes, autres que les principales & paroiſſiales, ne pourroient pas oppoſer la préſomption de nobilité, on ne peut pas oppoſer la préſomption de roture aux Egliſes principales & paroiſſiales.

On conviendra avec les Maire & Conſuls, & le Syndic de la Province de Languedoc, d'un autre principe dont le Syndic a formé la huitiéme des Maximes de ſa Requête imprimée. Les Arrêts qui ont jugé des biens nobles, peuvent être attaqués par la voye de la Requête civile, par les Communautés contre leſquelles ils ont été rendus. Il ſuffit, pour l'entérinement de la Requête civile, qu'elles rapportent des piéces nouvelles tendantes à prouver la roture, quoiqu'elles n'ayent pas été retenues par le fait de la Partie, & M. le Procureur Général peut former oppoſition à ces Arrêts; il n'y a pas de délai fatal ni contre la Requête civile des Parties, ni contre l'oppoſition de M. le Procureur Général.

Ce principe eſt établi pour la Requête civile ; par la Déclaration du 30 Août 1707, & pour l'oppoſition de M. le Procureur Général, par l'article 8 de la Déclaration du 23 Septembre 1713. Mais la Requête civile des Parties, ni l'oppoſition de M. le Procureur Général ne peuvent être admiſes, que lorſque les piéces ſur leſquelles elles ſont fondées ſont nouvelles, & n'ont pas été vues lors des Arrêts qui ſont attaqués. *Permettons* (eſt-il dit dans la Déclaration du 30 Août 1707) *aux Communautés de ladite Province* QUI AURONT RECOUVRÉ DES PIECES JUSTIFICATIVES DE LA ROTURE *des biens déclarés nobles par des Arrêts contradictoires, de ſe pourvoir par Requête civile contre leſdits Arrêts, nonobſtant tout laps de temps, dont Nous les avons relevé par ces Préſentes, conformément auſdites Déclarations, ſans que leſdites Communautés ſoient tenues de juſtifier que les piéces nouvellement recouvrées ont été retenues par le fait de la Partie.*

Quant à l'oppoſition de M. le Procureur Général, l'article 8 de la Déclaration du 23 Septembre 1713 s'explique en ces termes :

Voulons que notre Procureur Général ſoit reçu à ſe pourvoir en ladite Cour contre tous aveux & dénombremens, Arrêts & Tranſactions qui pourroient être oppoſés à ſes blâmes, lorſqu'il prouvera la roture des biens & droits par des actes QUI N'AUROIENT PAS ÉTÉ VUS *lors deſdits Arrêts, Dénombremens & Tranſactions, conformément à notre Déclaration du 30 Août 1707.*

APPLICATION

APPLICATION des principes aux circonstances particulieres de l'Affaire.

L'Arrêt du Conseil du 24 Avril 1758 auquel les Maire & Consuls de la Ville de Beziers ont formé opposition, a cassé quatre Arrêts de la Cour des Aydes de Montpellier, des 28 Mai 1733, 5 Mai 1752, 23 Décembre 1755 & 25 Mai 1756.

Les Maire & Consuls de Beziers, & le Syndic de la Province de Languedoc opposent trois espéces de moyens : les uns concernent en général toutes les dispositions de l'Arrêt de cassation : les autres sont relatifs à chacun des Arrêts qui ont été cassés : un dernier est contre l'évocation que le Roi a faite à son Conseil, des appels & demandes sur lesquels les Arrêts cassés sont intervenus.

Les moyens qui concernent en général toutes les dispositions de l'Arrêt du Conseil du 24 Avril 1758 se réduisent à dire, que cet Arrêt a été surpris par le Chapitre de Beziers, sans aucune défense de la part des Maire & Consuls, sans que les motifs de l'Arrêt ayent été demandés à la Cour des Aydes de Montpellier qui les avoit rendus. Ils ajoutent, qu'il étoit d'autant plus nécessaire d'entendre leur défense, ou du moins de demander les motifs de l'Arrêt, que les principes de la nobilité sont peu connus ailleurs que dans la Province. Ils n'ignorent pas sans doute que l'usage du Conseil est de casser les Arrêts sur simple Requête non communiquée, quand il eſt prouvé clairement que les Arrêts, dont on demande la caſſation, contiennent des diſpoſitions directement contraires aux Ordonnances du Royaume, quand la contravention à ces Loix eſt manifeſte, que le Conſeil n'ordonne préalablement que la Requête ſera communiquée à la Partie, ou que les motifs de l'Arrêt ſeront envoyés; que dans le cas, où par la comparaiſon des diſpoſitions des Arrêts, dont la caſſation eſt demandée, & des Loix auſquelles on prétend qu'ils ont contrevenu, la contravention n'eſt pas claire, évidente & manifeſte. La demande des motifs des Arrêts contre leſquels on ſe pourvoit, eſt ſi peu néceſſaire pour en obtenir la caſſation, que jamais ces motifs ne ſont demandés, lorſque les Arrêts attaqués par la voye de la caſſation ſont rendus par le Parlement de Paris. On expoſe d'ailleurs dans les Mémoires du Chapitre, que les Maire & Conſuls ont été tellement inſtruits de la demande en caſſation qui avoit été formée, qu'ils ont diſtribué aux Commiſſaires du Conſeil des Mémoires pour faire échouer la demande en caſſation; qu'ils ont accompagné ces Mémoires de différentes piéces, notamment d'un Imprimé des Concluſions de M. l'Avocat Général de la Cour des Aydes de Montpellier, contenant les motifs de l'Arrêt; que l'Extrait de M. de Saint-Aurans, Rapporteur du Procès, avoit auſſi été remis au Magiſtrat qui a fait le rapport au Conſeil. Ces faits, qui ne ſont pas conteſtés par les Maire & Conſuls de Beziers, ni par le Syndic Général de la Province de

Languedoc, prouvent que les Arrêts de la Cour des Aydes de Montpellier n'ont pas été cassés, sans que les Maire & Consuls de Beziers ayent été instruits de la demande en cassation formée par le Chapitre de Beziers; sans qu'ils ayent proposé tous les moyens qui pouvoient empêcher le succès de cette demande; sans que les motifs des Arrêts ayent été connus au Conseil. La Requête en cassation a d'ailleurs été signifiée aux Maire & Consuls de Beziers, le . . . . 1756.

A l'égard des Moyens relatifs à chacun des Arrêts qui ont été cassés, ils exigent une discussion particuliere.

MOYENS concernans l'Arrêt du 28 Mai 1733.

La Cour des Aydes de Montpellier, a, par cet Arrêt rendu sur Requête non communiquée, permis aux Maire & Consuls de la Ville de Beziers de comprendre dans leur Compoix, les biens de Saint Pierre *de Apullo* & leurs dépendances. Pour obtenir cet Arrêt, les Maire & Consuls avoient présenté l'acte de 933 comme une piéce justificative de la Roture. Ils soutiennent, avec le Syndic de la Province, que cet Arrêt rendu sur les Conclusions du Ministere public, est conforme aux Déclarations de 1721 & 1741. Qu'avant ces deux Loix, les Communautés pouvoient allivrer & cotiser les biens sans obtenir aucune permission; que cette faculté avoit lieu, même pour les biens fondés en présomption de nobilité; que ce droit résultoit de la Déclaration de 1708, qui porte, que *les biens qui seront ajoutés aux Compoix des Communautés pour être cotisés à la Taille, seront estimés par Experts qui seront nommés par lesdites Communautés; & que les Particuliers ne seront reçus à débattre lesdites estimations, ni à demander qu'il en soit faite une contradictoirement avec eux, qu'après qu'ils auront payé par provision les sommes ausquelles ils auront été cotisés sur l'allivrement contesté, avec défenses à la Cour des Aydes de Montpellier de casser aucun allivrement, sous quelque prétexte que ce soit, jusqu'à ce qu'il en ait été fait un nouveau.*

Que les Déclarations de 1721 & 1741 ont seulement ajouté à celle de 1708, qu'à l'égard des biens fondés en présomption de nobilité, les Communautés seroient tenues d'obtenir un Arrêt de permission d'allivrer & cotiser ces biens, sur des actes qui seroient jugés suffisans pour détruire la présomption de nobilité, & que cet Arrêt seroit rendu sur les conclusions du Procureur Général, sans que les Seigneurs & autres Possesseurs des biens fondés en présomption de nobilité soient appellés; que les Déclarations de 1721 & 1741 ne font point d'exception pour le cas où les Possesseurs auroient obtenu anciennement des Arrêts d'immunité ou de nobilité; que les Administrateurs des Communautés peuvent ignorer les arrêts rendus long-temps avant eux; & que la Cour des Aydes & le Procureur Général ne doivent connoître ces arrêts avant qu'ils aient été produits ; que d'ailleurs ceux qui ſont fondés en préſomption de nobilité, peuvent oppoſer ces arrêts à titre d'exception.

L'arrêt de 1556, qui avoit jugé que les domaines de Saint Pierre étoient exempts de la contribution aux tailles, formoit la loi des Parties. Tant que cet arrêt n'étoit pas attaqué, il devoit avoir ſon exécution. Les Maire & Conſuls n'auroient pas même pu ſe ſouſtraire à ſon exécution, par la Requête civile, avant qu'elle eût été enterinée, la Requête civile, ni une demande en caſſation, ne pouvant pas empêcher l'exécution d'un arrêt.

Le défaut de connoiſſance de l'arrêt de 1556 ne peut pas ſe préſumer, & quand cette préſomption ſeroit admiſſible, elle pourroit bien excuſer ceux qui ont obtenu l'arrêt de 1733 ; mais cet arrêt n'en ſeroit pas plus régulier, puiſqu'il n'en auroit pas moins annullé par proviſion un arrêt ſubſiſtant. Il ne ſuffit pas de dire qu'on n'a pas eu connoiſſance d'un arrêt contradictoire, rendu ſur productions reſpectives des Parties, pour demander l'exécution d'un autre arrêt rendu ſur Requête non communiquée, qui a ordonné, par proviſion, ce qui étoit défendu par le premier arrêt. Quel ſeroit l'arrêt contradictoire qui ne pourroit être détruit par un rendu ſur ſimple Requête non communiquée, ſi celui contre lequel l'arrêt contradictoire a été rendu, pouvoit faire valoir l'arrêt ſur Requête, en ſe contentant de dire qu'il n'avoit pas connoiſſance du premier, lorſqu'il a obtenu le ſecond ? Les Maire & Conſuls ſont du moins forcés de convenir qu'ils ont actuellement connoiſſance de l'arrêt de 1556, qui leur a fait défenſe de comprendre le domaine de Saint-Pierre dans leur compoix : l'exiſtence de cet arrêt produit dans l'Inſtance, ne peut plus être révoquée en doute. Il eſt donc prouvé que celui de 1733 avoit jugé directement contre la diſpoſition préciſe de l'arrêt de 1556 : ainſi l'arrêt de 1733 a été caſſé avec fondement, & les Maire & Conſuls, & le Syndic de la Province de Languedoc, ne peuvent par conſéquent avoir aucun prétexte pour demander d'être reçus oppoſans à l'arrêt du Conſeil du 24 Avril 1758, qui a caſſé celui du 28 Mai 1733.

MOYENS concernant l'Arrêt du 5 Mai 1752.

LES Maire & Conſuls de Beziers reconnurent eux-mêmes que l'arrêt du 28 Mai 1733 n'étoit pas régulier. S'ils l'avoient cru conforme aux principes établis par les Loix de la Province, ils l'auroient mis à exécution. Ce n'eſt qu'en 1751 qu'ils ont renouvellé leurs tentatives pour aſſujettir le domaine de Saint-Pierre au payement de la taille ; ils avoient gardé le ſilence pendant dix-huit ans, & n'avoient fait aucune pourſuite contre le Chapitre de Beziers ; mais en 1751, ils demanderent que les biens de Saint-Pierre fuſſent déclarés définitivement roturiers, & que le Chapitre fût condamné au payement de vingt-neuf années d'arrérages de la taille. Ils obtinrent le 24 Novembre 1751, un arrêt par défaut, conforme à leurs conclusions. Le Chapitre n'ayant pas formé opposition à cet arrêt dans la huitaine de la signification, fut obligé de l'attaquer par la voie de la Requête civile. Les Maire & Consuls crurent alors devoir employer la même voie contre les deux arrêts des 27 Juillet & 20 Février 1556, qui avoient jugé que le domaine de Saint-Pierre étoit exempt de la taille. Sur ces différens objets intervint l'arrêt du 5 Mai 1752, qui entérina la Requête civile, obtenue par le Chapitre contre l'arrêt du 24 Novembre 1751. Cet arrêt faisant droit sur les conclusions de M. le Procureur Général, ordonna l'exécution de celui du 28 Mai 1733, condamna le Chapitre à payer la taille de ce domaine, depuis la cotisation faite en vertu de cet arrêt. Il entérina la Requête civile prise par les Maire & Consuls contre les deux arrêts de 1556, reçut M. le Procureur Général opposant à ces deux arrêts, & remit les Parties au même état qu'elles étoient avant ces deux arrêts. Cet arrêt a été cassé par celui du Conseil du 24 Avril 1758. Les Maire & Consuls de Beziers, & le Syndic de la Province de Languedoc, observent que l'arrêt du Conseil n'a cassé celui de 1752, qu'en ce qu'il a ordonné l'exécution de celui du 28 Mai 1733, & ordonné par provision le paiement de la taille. C'est de la circonstance que la cassation de l'arrêt de 1752 a été limitée, qu'ils veulent tirer la conséquence que le Conseil n'a pas pu casser cet arrêt, même dans la disposition qui a été l'objet de la cassation : ils disent que si l'arrêt du

5 Mai 1752 a été caſſé, en ce qu'il a ordonné l'exécution de celui du 28 Mai 1733, il ne l'a pas été quant aux diſpoſitions qui reçoivent l'oppoſition de M. le Procureur Général, & entérinent la Requête civile des Maire & Conſuls; que ces diſpoſitions ont été par conſéquent confirmées, & qu'il en réſulte qu'il ne doit & ne peut plus être queſtion au Conſeil des arrêts de 1556.

On conviendra que l'arrêt du 5 Mai 1752 n'a été caſſé par celui du 24 Avril 1758, qu'en ce qu'il avoit ordonné l'exécution de celui du 28 Mai 1733; que la caſſation ne frappe pas ſur la diſpoſition qui, faiſant droit ſur la Requête civile deſdits Maire & Conſuls de Beziers, & ſur l'oppoſition de M. le Procureur Général, a remis les Parties au même état qu'elles étoient avant les deux arrêts des 27 Juillet & 20 Février 1556; mais l'arrêt de 1752 n'en étoit pas moins ſujet à caſſation, quant à la diſpoſition qui avoit ordonné l'exécution de l'arrêt du 28 Mai 1733, & le paiement proviſoire des tailles. L'arrêt du 28 Mai 1733 avoit été rendu dans un temps où les arrêts de 1556 ſubſiſtoient dans toute leur force, & n'étoient pas même attaqués ni par la Requête civile, ni par l'oppoſition. Il jugeoit donc proviſoirement contre le Chapitre de Beziers, ſur Requête non communiquée, une queſtion qui avoit été jugée définitivement en faveur de ce Chapitre, par les arrêts de 1556; & par conſéquent il étoit dans le cas de la caſſation, comme on l'a déjà établi: mais l'arrêt du 28 Mai 1733

devant

devant être caſſé, celui du 5 Mai 1752 étoit pareillement ſujet à caſſation, dans la diſpoſition par laquelle il ordonnoit l'exécution de cet arrêt de 1733. La caſſation d'un arrêt emporte néceſſairement celle de tous les arrêts qui ont ordonné l'exécution du premier. La diſpoſition de l'arrêt du 24 Avril 1758, qui a caſſé celui du 5 Mai 1752, en ce qu'il a ordonné l'exécution de celui du 28 Mai 1733, étoit donc une ſuite néceſſaire de la caſſation de la diſpoſition relative à l'arrêt de 1733.

L'arrêt du 5 Mai 1752 étoit auſſi ſujet à caſſation, en ce qu'il a cumulé le reſcindant & le reſciſoire, en ordonnant proviſoirement le paiement de la taille, qui avoit été défendu par les arrêts de 1556, en même-temps qu'il remettoit les Parties au même état qu'elles étoient avant ces arrêts.

On croit cependant devoir obſerver que, ſi l'arrêt du 5 Mai 1752 n'a été caſſé qu'en ce qu'il ordonnoit l'exécution proviſoire de celui du 28 Mai 1733, & a, par cette raiſon, laiſſé ſubſiſter la diſpoſition qui a reçu l'oppoſition de M. le Procureur Général de la Cour des Aydes de Montpellier, aux arrêts de 1556, entériné la Requête civile obtenue par les Maire & Conſuls contre les mêmes arrêts; & a en conſéquence remis les Parties au même état qu'elles étoient avant les deux arrêts de 1556; c'eſt parce que le Chapitre de Beziers avoit omis le moyen principal pour obtenir la caſſation pure & ſimple de l'arrêt du 5 Mai 1752. La diſpoſition de cet arrêt qui a reçu l'oppoſition de M. le Procureur

Général, eſt directement contraire à l'art. 8 de la Déclaration du 23 Septembre 1713, qui ne permet de recevoir M. le Procureur Général oppoſant à un arrêt, qui a déclaré des biens exempts de la taille, que lorſqu'il prouvera la roture par des actes qui n'auront pas été vus lors de ces arrêts : or, l'acte de 933 ſur lequel M. le Procureur Général de la Cour des Aydes de Montpellier s'étoit fondé pour établir ſon oppoſition aux arrêts de 1556, avoit été produit lors de ces arrêts; ce n'étoit pas une piéce nouvelle. L'oppoſition n'étoit donc pas admiſſible, & l'arrêt du 5 Mai 1752 auroit été ſûrement caſſé dans toutes ſes diſpoſitions, ſi le Chapitre de Beziers avoit oppoſé le moyen réſultant de l'art. 8 de la Déclaration de 1713. L'omiſſion de ce moyen vis-à-vis de M. le Procureur Général a, par une ſuite de conſéquences formé un obſtacle à la caſſation de la diſpoſition de l'arrêt qui a entériné la Requête civile des Maire & Conſuls. Le Chapitre de Beziers avoit, à la vérité, oppoſé la Déclaration du 30 Août 1707, qui ne permet aux Communautés de la Province de Languedoc de ſe pourvoir par Requête civile, que dans le cas où les piéces qu'elles prétendroient établir, la roture ſeroit nouvellement recouvrée. Mais, ſi l'oppoſition de M. le Procureur Général avoit été admiſſible, elle auroit remis les Parties au même état qu'elles étoient avant les arrêts de 1556; & par une ſuite de conſéquences, le Chapitre de Beziers ſeroit devenu ſans intérêt, & ſes moyens de caſſation contre la diſpoſition de l'arrêt qui a entériné la Requête civile, feroient devenus sans objet, étant indifférent au Chapitre que ce soit en vertu de l'opposition de M. le Procureur Général, ou en vertu de la Requête civile, que le rescindant soit admis contre les arrêts de 1556. C'est donc la seule circonstance de l'omission du moyen contre l'opposition de M. le Procureur Général, qui a empêché que l'arrêt de 1752 fût cassé, relativement à la disposition concernant tant cette opposition, que la Requête civile : mais le Conseil, en laissant subsister cette disposition, a été tellement frappé de la justice de la cause du Chapitre, de la légitimité de son exemption des tailles, dans laquelle il avoit été confirmé par les arrêts de 1556, qu'il a jugé qu'il ne devoit pas être assujetti par provision, au paiement de cette imposition.

MOYENS relatifs aux Arrêts des 23 Décembre 1755, & 25 Mai 1756.

L'ARREST du 23 Décembre 1755 a confirmé le compésiement ou rôle des tailles, dans lequel les Maire & Consuls de Beziers avoient compris le Chapitre pour le domaine de Saint-Pierre. Il a déclaré définitivement ce domaine roturier : il a ordonné que ce domaine contribueroit, comme roturier, à toutes les impositions ordinaires & extraordinaires, & a condamné le Chapitre à payer vingt-neuf années d'arrérages de la taille, pour le temps antérieur au 9 Septembre 1751, jour de la demande définitive, formée par les Maire & Consuls de Beziers, & a ordonné que la liquidation en seroit faite sur l'état que les Consuls en donneroient.

L'arrêt du 25 Mai 1756 a liquidé ces arrérages.

Ces deux arrêts définitifs sont contraires aux principes établis par les Loix de la Province du Languedoc, relatives au paiement des tailles. L'Ordonnance de Charles VI de 1446, qui a rendu les tailles perpétuelles, porte que la taille sera payée pour les biens *anciennement contribuables*. La taille ne doit donc, suivant cette Loi, être assise que sur les biens qui avoient été précédemment imposés, à moins qu'il n'y ait quelqu'acte postérieur qui ait rendu ces biens imposables. Or, le domaine de Saint-Pierre n'avoit pas été imposé avant 1446 : le Chapitre de Beziers qui jouissoit, en vertu de la Chartre de 933, des biens & domaines de Saint-Pierre, n'avoit pas été imposé pendant les cinq cens treize ans qui s'étoient écoulés depuis 933 jusqu'en 1446. Le Chapitre étoit donc dans le cas de jouir de l'exemption de la taille, à laquelle les Ordonnances de 1446, 1456, 1463, 1501, 1535 & 1543 n'assujettissent que les héritages qui étoient dans l'usage de contribuer aux tailles. Les biens de Saint-Pierre *de Apullo* n'avoient pas été imposés à la taille avant 933. Les Maire & Consuls, ni le Syndic de la Province de Languedoc, ne le prouvent pas. La qualité du Possesseur de ces biens prouve aussi qu'ils étoient francs : la propriété en a été transmise au Chapitre par les Exécuteurs testamentaires de Reginal, Evêque de Beziers. La possession dans laquelle le Chapitre de Beziers s'est conservé, de ne pas contribuer aux impositions, formoit donc un titre suffisant en sa faveur, pour jouir de l'exemption des tailles qui n'avoient lieu que sur les biens contribuables d'ancienneté. Les biens exempts de tailles dans la main de Reginal, ont passé entre les mains du Chapitre avec le même droit d'exemption.

La déclaration de 1684, article 3, établit l'exemption du Chapitre; elle répute nobles les biens dépendans des Eglises principales, à la tête desquelles elle met les Cathédrales, & elle décide que la présomption de nobilité ne peut être détruite par un contrat d'acquisition, si la roture n'est justifiée par ce contrat. Or la Chartre de 933 ne peut pas établir la roture; elle prouve au contraire la nobilité du domaine de Saint Pierre, soit qu'on le considére relativement à la personne qui a fait la donation, soit qu'on ait égard au motif de la donation, soit qu'on se fixe aux objets donnés, soit qu'on fasse attention à l'époque de la Chartre.

La donation a été faite par Reginal, Evêque de Beziers, qui possédoit les biens de l'Eglise de de Saint Pierre *de Apullo*. Ces biens étoient nobles entre les mains de cet Evêque; ils ont par conséquent conservé leur qualité en passant au Chapitre. Ainsi, pour nous servir des expressions de M. d'Aguesseau, dans son avis sur la révocation de la Déclaration du 7 Mai 1692, folio 25 du recueil de loix imprimé par les Maire & Consuls, *la nobilité en doit être présumée, s'il n'y a titre contraire* : la dignité d'Evêque suffit pour prouver que Reginal possédoit ces biens noblement, & les a transmis à ce titre au Chapitre.

Le motif qui a donné lieu à la Chartre, prouve aussi la nobilité : c'est pour augmenter la dotation du Chapitre, qui n'a même été complétée que plusieurs siécles après.

Les objets qui ont été donnés par la Chartre, forment une nouvelle preuve de nobilité. On trouve au nombre des dépendances du domaine de Saint Pierre le droit d'écluse, de pêche, cours des eaux, des isles & les eaux : *cùm ipsa reclausa, & cùm ipsa piscatoria, & cùm ipsas insolas..... aquis, aquarumve de cursibus earum.* Tous objets qui caractérisent la nobilité. C'est par cette raison que la Chartre de 1203 a confirmé le Chapitre de Beziers dans son droit de fortifications, & l'a déclaré exempt de toutes charges, & que dans la Déclaration de 1521 le domaine de Saint Pierre est qualifié métairie noble.

Différens baux des 2 Avril 1625, 4 Mai 1685, 11 Juin 1687, 10 Novembre 1697, 6 Janvier 1716, 26 Avril 1721, 6 Avril 1732, 26 Avril 1756 & 8 Juin 1766 établissent le droit de pêche, dont le Chapitre a toujours joui en vertu de la Chartre de 933.

Le Chapitre jouit aussi du droit de chasse. Le

bail du 2 Avril 1625 prouve que le Chapitre l'a donné à ferme. Il eſt dit que le Chapitre a affermé toute la chaſſe, tant de lapins ou lievres, que d'oiſeaux paſſagers & autres du bois de Saint Pierre. Les droits de chaſſe & de pêche ſont conſtamment des preuves de nobilité, qui ajoutent à celles réſultantes des autres actes.

L'époque de la chartre fournit auſſi au Chapitre un nouveau moyen pour établir, non-ſeulement la préſomption de nobilité, mais une preuve réelle de la nobleſſe du fonds. C'eſt en 933 que les biens de Saint Pierre *de Apullo* ont été donnés au Chapitre de Beziers par les Exécuteurs teſtamentaires de Reginal, ſon Evêque, cinq ſiécles avant l'établiſſement fixe des tailles : ces biens n'avoient jamais été aſſujettis aux impoſitions. Les Ordonnances de 1446 & années ſuivantes n'ont obligé les Egliſes qui ont acquis des biens, au paiement de la taille, que lorſque les biens acquis ou donnés provenoient de gens laïcs, roturiers, qui étoient *d'ancienneté contribuables*. Les biens de Saint Pierre *de Apullo* ne provenans de laïcs ni de roturiers, & n'ayant jamais contribué aux tailles, n'ont pas pu devenir ſujets à une nouvelle contribution, d'où il réſulte que le Chapitre de Beziers n'a pas du être impoſé à la taille ; l'article 3 de la Déclaration de 1684 le maintenant dans la préſomption de nobilité pour les biens acquis, & ne faiſant d'exception que pour le cas où le contrat d'acquiſition juſtifie de la roture.

Le Chapitre a même l'avantage de n'être pas réduit à une ſimple préſomption, puiſque la chartre de 933 établit que les biens ſont réellement nobles, & que les circonſtances qui ont précédé & ſuivi, fourniſſent autant de preuves de la préſomption de nobilité.

Envain les Maire & Conſuls de Beziers & le Syndic de la Province de Languedoc oppoſent-ils que la nobilité & exemption de tailles ſe réglent en Languedoc par la qualité & nature féodale, que pour prouver la nobilité d'un fonds il faut prouver ſa nature féodale. La Déclaration de 1684 décide au contraire que la preuve de la qualité féodale n'eſt pas néceſſaire, puiſqu'elle admet la préſomption de nobilité, en décidant dans l'article 3 que les Communautés ne peuvent détruire cette préſomption qu'en rapportant des actes juſtificatifs de la roture, & même l'article 5 décide que le fonds où ſont conſtruites les Egliſes, les Séminaires, Maiſons Presbyterales, Maiſons Religieuſes & Hôpitaux, & leurs jardins, qui ne ſont fondés en préſomption de nobilité, ſeront immunes & déchargées de la contribution aux tailles tant que ces lieux ſerviront à cet uſage. Le domaine de Saint Pierre, poſſédé par le Chapitre de Beziers, peut donc être exempt de tailles, abſtraction faite de la preuve de la qualité de domaine féodal : ſon exemption réſulte de l'Ordonnance de 1446, qui n'aſſujettit à la taille que les biens contribuables d'ancienneté ; elle réſulte

ſulte auſſi de la qualité des perſonnes dont le bien de Saint Pierre procéde : elle a même été confirmée par la chartre de 1203 de Raimond Roger, Vicomte de Beziers, qui les a reconnu exempts de toutes charges.

Ces titres joints à la poſſeſſion répondent à l'objection qu'on veut tirer de l'article 17 de la déclaration de 1684, qui décide que la nobilité des héritages ne peut être établie par la preſcription ou poſſeſſion immémoriale. Le Chapitre de Beziers n'étoit pas obligé de prouver la nobilité du domaine de Saint Pierre : la Déclaration de 1684 l'en diſpenſoit ; elle établit la préſomption de nobilité dans deux cas, dans leſquels il ſe trouve. Cette préſomption légale a lieu, ſuivant l'article 3, pour tous les biens des Egliſes principales, à la tête deſquelles cet article met les Egliſes Cathédrales. Elle a auſſi lieu, ſuivant l'article 4, pour les biens des Egliſes Paroiſſiales. Le Chapitre de Beziers réunit les deux qualités. On ne lui conteſte pas celle d'Egliſe Cathédrale, qui ſuffiroit ſeule pour jouir de la préſomption de nobilité ; on voudroit reſtraindre le droit ou privilege réſultant de cette qualité à ce qui forme la dotation primitive de l'Egliſe ; & fixant la fondation de l'Egliſe de Beziers au troiſième ſiécle, on ſoutient que le domaine de Saint Pierre, donné au Chapitre en 933, ne peut pas avoir fait partie de la dotation primitive ; mais la Déclaration de 1684 ne limite pas le privilege de préſomption de nobilité aux biens de la dotation primitive des Eglises principales : elle accorde au contraire ce privilege sans aucune distinction d'époques.

On ne peut tirer contre le Chapitre aucune induction de la réponse que le Roi a faite au cahier du Clergé de Languedoc, lors des Etats assemblés à Tours en 1483. Le Clergé de la Province de Languedoc demandoit d'être conservé dans ses privileges, que les Ecclésiastiques ne fussent pas vexés de tailles, soit à cause de leurs personnes, soit à cause de leurs bénéfices. La réponse du Roi à cet article du cahier, ainsi que le Syndic de la Province de Languedoc la rapporte, pag. 54 de sa Requête imprimée, a été conçue en ces termes.

Semble être raisonnable que gens d'Eglise *pro personis & bonis mobilibus, dum tamen non sint mercantiæ, sint immunes à contributione; respectu verò bonorum immobilium quæ sunt de antiqua dote Ecclesiæ*, soient exempts de tailles : *in cœteris vadant ad justitiam.*

On ne voit rien dans cette réponse qui limite la présomption de nobilité à la dotation primitive des Eglises Cathédrales ; il n'est parlé que d'une ancienne dotation, *de antiqua dote Ecclesiæ.* Or, la chartre de 933 ne formoit pas une nouvelle dotation en 1483, époque de l'assemblée des Etats tenue à Tours. La chartre étoit antérieure de 550 ans, & par conséquent prouvoit une ancienne dotation. La possession du Chapitre de Beziers de ne pas payer la taille pour ces biens, étoit par conséquent fort ancienne, elle étoit pour une ancienne dotation *de antiquâ dote.* Cette interprétation de la réponse du Roi est confirmée par la Déclaration de 1684, qui décide dans l'article 3 que les biens dépendans des Eglises principales seront présumés nobles, si les Communautés ne prouvent pas la roture par des actes.

Le Domaine de Saint Pierre ne fait pas moins partie de la dotation du Chapitre de Beziers, quoique l'Eglise Cathédrale de Beziers existât plusieurs siecles avant la chartre de donation de 933. Les dotations des Eglises n'acquierent pas leur perfection pleine & entiere à l'époque de leur érection, elle ne se forme que par dégrés; c'est par cette raison que plusieurs Evêques l'ont augmentée en différens temps, & que Matfred, Evêque de Beziers en 1092, 160 ans après la Chartre de 933, trouvant que ses prédécesseurs n'avoient pas même porté la dotation à des revenus assez considérables, pour fournir la subsistance des différens membres du Chapitre, & pour la décence de la célébration du Service Divin, a ajouté à cette fondation.

Si, comme le Syndic de la Province de Languedoc le prétend, le Chapitre de Beziers avoit fait des acquisitions dans le neuviéme siécle; ce fait, en le supposant certain, ne prouveroit autre chose, sinon que le Chapitre avoit en 933 des biens autres que ceux composans sa dotation; mais il ne prouveroit pas que ces biens joints à ceux, tant de la dotation primitive que des augmentations de dotation, étoient suffisans, & par conséquent que la donation de 933 n'étoit pas elle-même une augmentation de dotation. D'ailleurs la vente de 889, que le Syndic de la Province de Languedoc oppose, page 54 de sa requête imprimée, n'a pas été faite au Chapitre, mais à l'Evêque de Beziers.

A l'égard du contrat d'échange de 897, il a été fait par Fructuarius, Evêque de Beziers, & les biens donnés en échange par Raimond, Vicomte de Beziers, n'ont pas tourné au profit du Chapitre, qui n'est intervenu dans l'acte que pour donner son consentement à l'échange, qui emportant une espece d'aliénation de la mense épiscopale, ne pouvoit pas se faire sans le consentement du Chapitre.

Outre la qualité de biens dépendans du Chapitre d'Eglise Cathédrale, qui forme une présomption légale de la nobilité des biens de Saint Pierre *de Apullo*, le Chapitre de Beziers a en sa faveur une autre présomption de nobilité, résultante de la qualité de Paroisse. En effet, c'est la Paroisse de Saint Pierre & ses dépendances qui ont été données au Chapitre de Beziers par la chartre de 933 : les objets compris dans cette donation sont désignés par cette expression générale, *Sanctum Petrum de Apullo*. La chartre porte que la donation comprend les dépendances de Saint Pierre ; on y marque avec beaucoup de détail la nature des objets qui étoient donnés; & le premier article de ces dépendances est dit consister dans l'Eglise de Saint Pierre : *& quantum ibidem ad pertinendum est*, ID EST IN ECCLESIA SANCTI PETRI IN SACRIS, SECRETARIIS, CIMETERIIS, *in domibus*, *&c.* c'est-à-dire, *dans l'Eglise de Saint Pierre ses vases & ornemens sacrés, Sacristie, Cimétieres.* Telle est la traduction que les Maire & Consuls viennent d'en donner dans un Mémoire intitulé, Recueil d'actes. Peut-on désigner d'une maniere plus particuliere une Eglise Paroissiale. Le mot *Ecclesia*, dans les titres du moyen âge, désigne le plus ordinairement une Paroisse. D'ailleurs une simple Chapelle domestique ou rurale n'auroit sûrement pas eu des Cimétieres : telle est cependant l'idée que les Maire & Consuls de Beziers & le Syndic de la Province de Languedoc voudroient donner.

Pour prouver que l'Eglise de Saint Pierre n'étoit qu'une simple Chapelle, le Syndic rapporte par extrait *folio 95* de son Mémoire, une ordonnance de visite de Clément de Bonzy, Evêque de Beziers, du mois de Juin 1663, cet extrait est en ces termes :

Dans la métairie de Saint Pierre est une Chapelle sous le titre & invocation de Saint Pierre, servie par le Baîle du Chapitre, qui est un Officier annuel . . . . . . qu'il sera tenu dans trois jours de faire foi de son approbation devant lui, & qu'à l'avenir, tant lui que les autres qui seront députés au service d'icelle Chapelle . . . . seront tenus &c. & de renvoyer les Métayers à la Semaine Sainte & aux Fêtes de Pâques, au Vicaire de Notre-Dame, leur Curé primitif, & de n'administrer le Baptême aux enfans, qu'en cas de péril évident de mort.

Quatre circonstances paroissent au Syndic établir que l'Eglise de Saint Pierre n'étoit pas Paroissiale, mais une simple Chapelle.

La premiere, que cette Eglise est qualifiée Chapelle dans cette ordonnance.

La seconde, qu'il y est dit, qu'elle est desservie par le Baîle du Chapitre, qui y est qualifié Officier annuel.

La troisiéme, que le Baîle & ceux qui l'aident dans la desserte, sont obligés de renvoyer les Métayers à la Semaine Sainte & aux Fêtes de Pâques, au Vicaire de Notre-Dame, qui est qualifié leur Curé primitif.

La quatriéme, que ce Baîle & ses Coopérateurs ne doivent administrer le Baptême aux enfans qu'en cas de péril évident de mort.

Mais cette Ordonnance loin de détruire la preuve de la qualité d'Eglise Paroissiale, ne fait que la confirmer.

Si l'Eglise de Saint Pierre est qualifiée Chapelle dans cette Ordonnance, elle y est aussi qualifiée Eglise dans une partie que le Syndic a omis dans son extrait.

Si l'Ordonnance porte que la Chapelle est desservie par le Baîle du Chapitre, qui est un Officier annuel, il y dit aussi, que le Vicaire de Notre-Dame est le Curé primitif des Métayers auxquels le Baîle avoit droit d'administrer les Sacremens, & que ce Vicaire avoit droit d'enterrer. Or la Cure primitive suppose une Paroisse, une Eglise Paroissiale, dont le Vicaire est réellement Curé, suivant l'article 2 de la Déclaration du 5 Octobre 1726, & l'article premier de celle du 15 Janvier 1731.

Dans une autre partie de l'Ordonnance, que le Syndic n'a pas cru devoir rapporter; le sieur Solinhac qui étoit alors Baîle du Chapitre, *a déclaré avoir dans la métairie ou au moulin qui est proche d'icelle, une vingtaine de personnes de communion.*

Le Syndic a cru pouvoir aussi passer dans son extrait le détail des obligations du Baîle, cependant il étoit important pour déterminer la qualité de l'Eglise. Il y est dit : *seront tenus d'y célébrer annuellement & à perpétuité une Messe haute le 29 Juin, Jour & Fête de Saint Pierre, sous l'invocation duquel elle a été dédiée, & une basse Messe tant les Fêtes de commandemens que les Dimanches, d'administrer de plus les Sacremens de Pénitence, d'Eucharistie & d'Extrême-Onction, aux Métayers d'icelle tout le long de l'année, hormis à la Semaine Sainte & aux Fêtes de Pâques, qu'ils seront renvoyés au Vicaire de Notre-Dame du Siége, leur Curé primitif.*

Il n'eſt pas poſſible de réunir plus de circonſtances pour établir la Paroiſſialité de l'Egliſe de Saint Pierre, c'eſt le Baîle ou Député du Chapitre qui doit célébrer la Meſſe tous les Dimanches & Fêtes, qui dans le cours de toute l'année doit adminiſtrer les Sacremens de Pénitence, d'Euchariſtie & d'Extrême-Onction aux Métayers, de dire le Prône enſeigner la Doctrine Chrétienne, aſſiſter les Malades en leurs maladies; ce ſont-là les véritables fonctions paſtorales. Si l'Ordonnance fait une exception relativement à la Semaine Sainte & aux Fêtes de Pâques, & porte que les Métayers ſeront, pour ce temps, renvoyés au Vicaire de Notre-Dame, pour être par lui confeſſés & communiés, la Paroiſſialité n'en exiſte pas moins. Le Vicaire de Notre-Dame eſt qualifié dans l'ordonnance, Curé primitif, ce qui conſtate néceſſairement l'exiſtence de la Cure; & par conſéquent de la Paroiſſe, dont les fonctions Curiales s'exercent pendant toute l'année par un des Membres du Chapitre, député à cet effet, & dans la Semaine Sainte & les Fêtes de Pâques, par le Vicaire du Chapitre, qui exerce ſes fonctions dans l'Egliſe Cathédrale. La limitation à certains jours des pouvoirs du Baîle ou Député du Chapitre, ne peut pas détruire la Cure, elle n'opere autre choſe ſinon que certaines fonctions Curiales, ſont exercées pendant ce tems par le Vicaire établi dans l'Egliſe Cathédrale, & dans le ſurplus de l'année par un Baîle ou autre Député du Chapitre. Les Métayers & Fermiers de Saint Pierre

Pierre, sont sûrement d'une Paroisse : mais il n'y a que le Chapitre qui exerce ces fonctions, soit par le Vicaire de la Cathédrale, soit par le Baîle, qui est un de ses membres, & le Vicaire qualifié dans l'Ordonnance, Curé primitif, est nécessairement le Curé qui a sous lui un Vicaire, qui est lui-même Curé, & dont les fonctions ne sont limitées que pour le temps de Pâques, à l'exception de l'administration du Sacrement de Baptême, qui a été réservée au Chapitre pour toute l'année, que la Cure soit administrée au nom du Chapitre, soit par un Vicaire ou un autre, le Chapitre n'en possede pas moins la Cure & les droits de Paroissialité, & ces droits lui appartiennent par la chartre de 933.

Le Syndic de la Province de Languedoc & les Maire & Consuls opposent que le Chapitre de Beziers n'a pas droit à la dixme, en vertù de la chartre de 933; d'où ils croient pouvoir tirer la conséquence que cette chartre ne lui a pas donné la Paroisse de Saint Pierre; mais en supposant ce fait, la conséquence ne seroit pas exacte, une Paroisse pouvant subsister, sans que le titulaire jouisse des dixmes. Il n'est pas nécessaire pour l'existence d'une Paroisse, que le Curé posséde réellement les dixmes, si on admettoit ce systême, il faudroit anéantir plus d s trois quarts des Cures du Royaume, dont les Curés ne possédent pas la dixme. Au reste le Chapitre de Beziers est réellement décimateur du domaine de Saint Pierre, son droit est établi par une transaction du 12 Septembre 1595, confirmée par un Arrêt du Grand Conseil du 23 Septembre 1743, & il rapporte plusieurs baux à ferme qui établissent sa qualité de décimateur.

Il est donc certain que les biens de Saint Pierre ont les deux qualités pour établir la présomption de nobilité, ils dépendent de ceux d'une Eglise Cathédrale, & ont par conséquent ce privilége en vertu de l'article 3 de la Déclaration de 1684, ils sont dépendans d'une Eglise Paroissiale, dont le Chapitre s'est conservé la Cure primitive, pour en exercer les droits par un de ses membres; leur privilége est à cet égard établi par l'article 4 de la Déclaration de 1684.

Mais on oppose que si les articles 3 & 4 de cette Loi admettent la présomption de nobilité pour les biens dépendans, soit des Eglises principales, soit des Eglises paroissiales; ils décident aussi que la présomption de nobilité pourra être détruite par les Communautés, en rapportant des contrats d'acquisition; que ces contrats sont suffisans pour établir la roture; que l'article 12 de la même Loi décide aussi que les biens acquis par l'Eglise seront censés roturiers, s'il n'appert par titres de leur nobilité; que dans le fait la chartre de 933 est un contrat d'acquisition, qu'elle forme par conséquent une preuve de roture qui détruit la présomption de nobilité.

On a répondu à cette objection dans l'établissement des principes de la Province de Languedoc, relatifs au payement de la taille; on y a observé que l'article 3 de la Déclaration de 1684 ne décidoit pas qu'un ſimple contrat d'acquiſition prouvoit la roture, qu'il le mettoit ſeulement au nombre des actes dans leſquels il étoit poſſible de trouver la preuve de la roture, parce que la nature & qualité des biens étoient ordinairement marquées plus ſpécialement dans un contrat d'acquiſition.

Que ſi la Déclaration de 1708, contraire en ce point à la Déclaration de 1684, avoit décidé que la ſimple repréſentation d'un contrat d'acquiſition ſuffiſoit pour détruire la préſomption de nobilité. Le Roi avoit dérogé à cette diſpoſition par les Déclarations de 1721 & 1741.

En vain oppoſe-t-on que la chartre de 933 ne contient pas ſeulement la donation de Saint Pierre, qu'elle y comprend auſſi le clos de Giſlane, *clauſum qui fuit Giſlanæ*, & que la dénomination d'un ancien proprietaire prouve la roture.

1°. Il n'y a aucune Loi qui décide qu'il ſuffit de ſçavoir le nom d'un ancien propriétaire d'un bien appartenant à une Egliſe fondée en préſomption de nobilité pour détruire cette préſomption.

2°. Si la propoſition étoit certaine, il n'en réſulteroit autre choſe, ſinon que ce clos de Giſlane ſeroit roturier, mais cela n'influeroit pas ſur le domaine de Saint Pierre, qui forme un objet diſtinct & ſéparé du domaine de Saint Pierre dont il s'agit.

3°. Le Chapitre de Beziers ne jouit pas de ce clos de Giſlane, & par conſéquent ne pourroit pas être imposé pour cet objet ; aussi les Arrêts des 28 Mai 1733, 5 Mai 1752, 23 Décembre 1755 & 25 Mai 1756, ni l'Arrêt du Conseil du 24 Avril 1758, n'ont rien statué sur ce clos de Gislane.

Les quatre Arrêts de la Cour des Aides de Montpellier ont donc tous jugé contre la disposition des Ordonnances qui ont établi les principes de la taille réelle de la Province de Languedoc; ainsi ils étoient sujets à cassation, & par conséquent les Maire & Consuls de la Ville de Beziers & le Syndic général de la Province de Languedoc ne peuvent réussir dans l'opposition à l'Arrêt du 24 Avril 1758, qui a cassé ces Arrêts.

Ils ne peuvent pas non plus se plaindre de la disposition de l'Arrêt du Conseil, par laquelle Sa Majesté a évoqué à son Conseil les appels & demandes sur lesquels ces Arrêts sont intervenus. Cette disposition étoit d'autant plus juste, que le fonds ne pouvoit pas être jugé par le Tribunal dont les Arrêts ont été cassés, & qu'il s'agit d'interpréter des Loix.

On croit devoir observer en finissant, que l'exemption de tailles dans la possession de laquelle les Maire & Consuls de Beziers & le Syndic de la Province de Languedoc veulent troubler le Chapitre de Beziers, mérite la plus grande faveur. Une possession de huit siécles suppose des titres conformes. Ceux qui sont produits prouvent la nobilité des biens de Saint Pierre *de Apullo*. Combien d'autres ont été perdus dans le cours de huit siécles, & le Chapitre de Beziers a été d'autant plus exposé à en perdre, que les Archives ont été pillées, saccagées & brulées dans les guerres de Religion, dont la Ville de Beziers a été plusieurs fois le théatre.

Déliberé à Paris le neuf Avril mil sept cent soixante-dix. Signé CELLIER, DE LAMBON, DE LA MONNOYE, DE JOUY, LAGET-BARDELIN, BRONOD, Avocats.

Chez KNAPEN & DELAGUETTE, Imprimeur-Libraires, au bas du Pont Saint-Michel. 1770.

www.ingramcontent.com/pod-product-compliance
Ingram Content Group UK Ltd.
Pitfield, Milton Keynes, MK11 3LW, UK
UKHW022126260726
13993UKWH00003B/1253

9 782329 341729